FACULTÉ DE DROIT DE L'UNIVERSITÉ DE PARIS

DES
EFFETS DE COMPLAISANCE

THÈSE POUR LE DOCTORAT

L'ACTE PUBLIC SUR LES MATIÈRES CI-DESSUS

Sera présenté et soutenu le Mardi 20 Mars 1900, à 1 heure.

PAR

J. HÉMARD

Président :   M. LYON-CAEN *professeur.*

Suffragants   MM. RENAULT, *professeur.*
           THALLER, *professeur.*

PARIS

LIBRAIRIE DE LA SOCIÉTÉ DU RECUEIL GÉNÉRAL DES LOIS ET DES ARRÊTS

ET DU JOURNAL DU PALAIS

Ancienne Maison L. **LAROSE** et **FORCEL**

22, *rue Soufflot,* 22

L. **LAROSE**, Directeur de la Librairie

1900

THÈSE

POUR

LE DOCTORAT

FACULTÉ DE DROIT DE L'UNIVERSITÉ DE PARIS

DES

EFFETS DE COMPLAISANCE

THÈSE POUR LE DOCTORAT

L'ACTE PUBLIC SUR LES MATIÈRES CI-DESSUS

Sera présenté et soutenu le Mardi 20 Mars 1900, à 1 heure.

PAR

J. HÉMARD

Président :   M. LYON-CAEN *professeur.*
Suffragants { MM. RENAULT, *professeur.*
            THALLER, *professeur.*

PARIS

LIBRAIRIE DE LA SOCIÉTÉ DU RECUEIL GÉNÉRAL DES LOIS ET DES ARRÊTS

ET DU JOURNAL DU PALAIS

Ancienne Maison **L. LAROSE** et **FORCEL**

22, rue Soufflot, 22

L. LAROSE, Directeur de la Librairie

1900

A MA MÈRE

A MA TANTE

INTRODUCTION

I. L'effet de commerce est un instrument de circulation et de paiement par la clause à ordre, un instrument de crédit par l'escompte. Auxiliaire précieux du commerce, sa forme simple, la facilité de sa transmission justifient son emploi fréquent, et son utilité s'affirme mieux encore par suite de l'avantage qu'il a de remplacer la monnaie par le crédit. Grâce à lui, un commerçant peut réaliser immédiatement des créances qui ne sont pas actuellement payables ; il disposera de toutes ses ressources et ne laissera improductif aucun élément de son patrimoine. Suppléant à l'argent non-existant comme papier de crédit, l'effet de commerce permet des transactions commerciales qui, sans lui, n'auraient pu être conclues ou auraient dû être interrompues, et c'est à juste titre qu'on le considère comme le signe d'une activité commerciale dont il exprime la vitalité. Tel est bien le billet à ordre ; telle, la lettre de change surtout, « cette espèce de monnaie, frappée au coin du commerce » comme disait le conseiller d'État Bégouen dans l'Exposé des motifs du Code de commerce.

Mais l'effet de commerce ne rend ces services, en rapport

avec sa destination, que lorsqu'il résulte de réelles opérations commerciales ou lorsque les signataires sont dignes de crédit, en un mot, quand le preneur peut envisager avec une pleine confiance le paiement à venir. Or, cette simplicité de forme de l'effet de commerce qui fait qu'on s'y engage facilement, cet avantage qu'il a d'être un substitut de la monnaie, sont souvent détournés de leur but, et ont donné lieu à une exploitation abusive du crédit, par les effets de complaisance qui ne représentent ni crédit, ni opération commerciale.

II. D'une part, la formule laconique de l'effet de commerce lui donne un caractère en quelque sorte abstrait ; il représente une créance, mais il s'en est détaché en se traduisant à l'extérieur ; l'opération dont il provient n'y est pas exprimée. D'autre part, le commerce, par suite du mouvement incessant des affaires, exige de la rapidité, et il n'est pas possible de s'enquérir de la sincérité des mentions portées sur un billet ou sur une traite. Toutes ces causes ont amené des commerçants à chercher à utiliser les effets de commerce pour obtenir de l'argent. Les uns y ont vu un moyen d'étendre leur commerce, ou de remédier à un embarras momentané ; d'autres y ont trouvé un expédient pour prolonger ou envelopper une insolvabilité certaine. Les premiers, s'ils n'excèdent pas la force de leur capital, en faisant argent de leur crédit, en monnayant la confiance qu'ils inspirent, développeront leurs affaires ou surmonteront un moment difficile ; les autres s'enfonceront plus avant et aboutiront à une ruine plus complète. Autrefois, on réprouvait dans la même mesure les deux procédés : la réussite seule assurait la validité de cet emploi des effets de commerce. C'est qu'il ne semblait pas seulement qu'en elle-même, la lettre de change, par exemple, dût répondre à une opération antérieure sérieuse, mais derrière la lettre de change, on voulait toujours voir une vente de marchandises qu'elle servait à régler, on considérait le crédit par escompte comme un crédit plus réel que personnel, et ces idées se conservèrent d'autant plus facilement que la lettre de change avait été enserrée dans de plus étroites limites. Maintenant, on comprend mieux le vrai rôle des effets de commerce, quoiqu'à ce sujet, la pratique garde encore presque intactes des notions surannées, notions toutes faites, notions traditionnelles fidèlement léguées, tant est grande la force de l'habitude !

Nous croyons qu'une personne est en droit de se servir de son crédit, dans toute l'étendue qu'il comporte. A moins qu'elle n'entame une lutte pour une vie factice, elle peut en disposer comme elle l'entend. Et cette proposition a un corollaire inséparable et non moins juste, c'est qu'une personne peut permettre à un tiers, d'user de son propre crédit, par exemple en lui souscrivant un billet, en l'autorisant à tirer sur elle une traite. Le billet à ordre s'y prête parfaitement, et aussi bien la lettre de change. Nous constaterons, au cours de cette étude, l'entière vérité de ces règles encore méconnues. Elles nous serviront à rechercher s'il n'y a pas parmi les effets de complaisance *lato sensu*, des effets valables et réguliers. — Seulement il faut que ce crédit ne soit pas purement apparent, car alors on est en présence d'effets de complaisance proprement dits.

III. Longtemps on a ignoré ces formes sans valeur d'effets de commerce ; mais avec l'extension prise par le commerce, avec la nécessité devenue plus grande de s'assurer un large crédit, on a vu s'introduire un trafic de billets et de traites, ne répondant à rien etdont l'unique but est de procurer un crédit fictif. D'abord cette spéculation parut ne se manifester qu'aux époques de crises ; la circulation s'en ressentit profondément, on devint plus méfiant. Depuis nombre d'années déjà, les effets de complaisance ont pris un développement considérable : ils représentent un chiffre fort élevé, sans compter que beaucoup ne parviennent pas à la publicité et restent chose secrète entre les parties, — et ils semblent vouloir s'imposer « comme une institution régulière de crédit ». Les commerçants eux-mêmes qu'une certaine appréhension avait écarté de l'emploi de ces valeurs, les voient d'une moins mauvaise façon, mais les banquiers dont elles sont la crainte, ne se font pas faute de les maudire. Il semble, d'ailleurs, qu'on n'ait pas trouvé d'expression assez forte pour exprimer le mal que causent les effets de complaisance : on a dit qu'ils étaient « la plaie la plus vive et la plus dangereuse dont souffrait le commerce », on a parlé de la « puissance occulte de ce dangereux ennemi », on a été « frappé des ravages qu'il opère » !

Nous pensons qu'on a exagéré le danger couru ; le but de cette étude est d'en préciser l'étendue. Après avoir examiné l'origine et décrit la forme des effets de complaisance, nous nous efforcerons d'en caractériser la nature, et dans la mesure où nous aurons reconnu leur nullité, nous montrerons toutes les conséquences qu'ils entraînent. Il restera enfin à rechercher quels moyens peuvent en empêcher l'émission.

CHAPITRE PREMIER

FORMES DES EFFETS DE COMPLAISANCE

L'effet de complaisance ne se dégage pas nettement, de prime abord, des différents principes auxquels il semble se rattacher, et dans lesquels on veut trouver la raison de sa nullité. Des auteurs en ont admis la nullité absolue ; ils ne se sont pas suffisamment rendu compte des diverses formes qu'il est susceptible de revêtir, et la jurisprudence a longtemps préféré, la trouvant facile, l'application d'une règle générale. — Le procès de l'effet de complaisance a été souvent trop vite fait : impressionné par une crise récente où on lui avait vu jouer un rôle néfaste, alarmé par l'extension considérable que prenaient certaines agences, dites de crédit, on a oublié les vraies règles de notre Code de commerce, les purs principes du crédit, espérant enrayer l'essor d'une pratique qui causait de si grands ravages.

On peut regretter que nous n'ayons qu'un mot pour désigner tous les divers procédés « de complaisance » ; cela n'a pu que contribuer à la confusion ; aussi nous proposons-nous, avant tout, d'examiner les diverses acceptions aonnées à ce mot et les diverses opérations qu'il sert à exprimer, en les dégageant de leurs conditions de validité. « Il faut distinguer entre les effets de complaisance, car suivant leurs origines, leurs moyens et leur but, les conséquences varient » (1). Il y a, dans cette distinction, plus qu'un intérêt méthodique, il y a une nécessité.

Nous étudierons successivement le mécanisme : 1° des *actes ou faits de complaisance* ; 2° des *effets de complaisance proprement dits*, se rattachant principalement à une circulation de complaisance ; 3° des *valeurs de circulation* ; 4° des *effets fictifs*, en raison de leur grande affinité avec les précédents ; 5° enfin, des *warrants fictifs* qui ne sont qu'une sorte d'effets fictifs.

A. Actes de complaisance. — La « complaisance » ou désir d'obliger un commerçant peut servir soit à créer un effet par l'acceptation d'une traite ou la souscription d'un billet, soit à augmenter la valeur d'un effet déjà existant, par un endossement ou un aval. Elle suppose l'entente des parties sans impliquer aucune idée de fraude ; son but est de venir en aide à un commerçant (2).

1. *Acceptation, souscription d'un effet par complaisance.* — Un commerçant prie un de ses amis ou correspondants de lui accepter une traite, de lui souscrire un billet, en lui promettant de faire face au paiement à l'échéance ; il escomptera l'effet chez son banquier et recevra ainsi les fonds dont il a besoin. C'est le cas le plus simple, c'est aussi le

---

1. Discours de M. Vindry, prés. du T. de com. de Lyon. Ann. de D. com. 1897, p. 73. — Il est dans la pratique, bien des expressions qui servent à désigner l'effet de complaisance, mais on n'a entendu y attacher aucune conséquence ; ce sont surtout des expressions malveillantes : lettres de change circulantes, billets de plaisir, cerfs-volants, papier fictif, traites creuses. On y oppose parfois le papier fait. Pour la circulation de complaisance, on rencontre aussi : tirages croisés, feu croisé...

2. Nous préférons la distinction en effets résultant d'actes de complaisance et effets de complaisance, à celle qu'on a proposée entre l'effet de complaisance relative et l'effet de complaisance absolue. Vindry, l. c. p. 73.

plus fréquent. Le complaisant apparaît comme débiteur sur l'effet. Il use de son crédit comme il userait de son argent.

D'autres fois, le complaisant figurera comme tireur ou bénéficiaire, ce sera lui qui fera escompter l'effet et en remettra la valeur au négociant qui est le vrai débiteur et qui doit payer à l'échéance. Mais il arrive souvent que celui en faveur de qui intervient la « complaisance », touche lui-même le montant de l'effet, quoiqu'il ne soit que le tiré ou le souscripteur ; et quelquefois il agit alors pour le compte du complaisant et chez le banquier de celui-ci.

2. *Endossement.* — Accordé par complaisance l'endossement a pour but de donner à un effet une valeur qui le rend escomptable et lui fait avoir cours. L'effet est réel, régulier, et l'endossement ne sert qu'à le munir du nombre de signatures requises pour l'escompte. Ainsi, la Banque de France exige au moins trois signatures, et il arrive chaque jour que le bénéficiaire d'un billet l'endosse à une personne qui, après l'avoir escompté à la Banque, lui en remettra la valeur. L'exigence de plusieurs signatures qu'on rencontre même dans les banques privées, est de nature à mettre en vogue l'endossement de complaisance, souvent donné en blanc, ce qui est plus pratique. Disons-le tout de suite, ce procédé est licite, car en facilitant le crédit du négociant, on fournit au créancier, au porteur les sûretés qui lui manquaient pour le paiement de l'effet (1).

---

1. Le tirage pour compte peut constituer un fait de complaisance ; il est employé par des banquiers qui, pour éviter que leur nom ne figure trop souvent comme tireur et n'avertisse le public d'une période de gêne qu'ils ressentent, chargent un complaisant de tirer des traites pour leur compte. Lyon-Caen et Renault, t. IV, n° 94 en note, *P. Pic* note sous C. sup. de Luxembourg 3 mai 1895, D. 98.2.401.

Il est une autre sorte de « complaisance » qui consiste, en matière de lettre de change, dans le fait par une personne de payer un effet tiré sur elle, quoiqu'elle ne doive rien. La complaisance existe non plus au moment du tirage, mais à l'échéance dans le paiement lui-même, bien qu'il ne soit effectué qu'avec des fonds envoyés par le tireur. L'effet était fictif. Nous y reviendrons en étudiant cette catégorie d'effets.

B. Effets de complaisance proprement dits. — L'effet de complaisance proprement dit ne repose pas sur l'idée qu'un commerçant veut en aider un autre, mais, en principe, sur une entente frauduleuse. Il y a moins complaisance que complicité. Le but unique est de procurer au bénéficiaire, quelle que soit la qualité qu'il ait prise, un crédit apparent destiné à tromper les tiers. Mais entre l'effet résultant d'un acte de complaisance et l'effet de complaisance au sens mauvais du mot, il est souvent délicat de distinguer ; c'est en étudiant leur nature que nous établirons un critérium permettant de les reconnaître l'un et l'autre. Nous parlerons principalement ici de la circulation de complaisance.

La *circulation de complaisance* est l'échange de signatures entre deux ou plusieurs personnes, en vue de se procurer mutuellement du crédit. On a dit qu'elle était l'excès de l'effet de complaisance : elle en constitue le principal danger.

ɪ. Un commerçant a obtenu d'une autre personne qu'elle lui accepte une traite (ɪ); l'escompte chez son banquier va

1. Il en serait de même pour un billet à ordre. Nous n'empruntons nos exemples à la lettre de change que parce qu'elle est plus usitée dans les différents cas de circulation de complaisance,

donner au tireur le crédit qu'il souhaite, et comme, à l'échéance, il ne peut pourvoir au paiement, il prie son compère de lui accepter un nouvel effet, du même montant que le premier, mais le plus souvent en y ajoutant les intérêts et les frais. Il a eu le soin de prendre cette précaution quelques jours avant l'échéance, et d'ordinaire, c'est chez un autre banquier qu'il ira escompter cet effet. Il affectera l'argent reçu au paiement du premier effet. A la prochaine échéance, il recommencera s'il en est besoin, jusqu'à ce qu'il ait pu rétablir sa situation, ou qu'au contraire il soit ruiné.

Au lieu de figurer comme tireur dans le second effet, le commerçant peut demander à son compère de tirer sur lui un nouvel effet qu'il acceptera, et dont la valeur lui sera remise pour satisfaire à l'échéance du premier. Tiré accepteur dans le premier effet, le complaisant devient tireur dans le second. On dit que la *circulation* est *simple*.

2. Deux commerçants à bout de ressources ont besoin d'argent, ils échangent leur signature. Chacun tire, de son côté et en même temps, une traite, en général pour la même valeur, puis en accepte une autre tirée par son compère. Il y a une acceptation et une contre-acceptation de complaisance. Les deux effets seront escomptés et chacune des parties s'en attribuera respectivement le profit. L'échéance venue, donc trois mois après, comme il est peu probable que leur situation se soit rétablie, elles recommenceront le tirage réciproque pour payer les premières traites : la *circulation* est *double*. Chaque banquier ignorant le manège de son client, recevra l'effet à l'escompte, sans se douter de ce qu'il cache ; ce seront les banquiers eux-mêmes qui

paieront les effets, et alimenteront la circulation de complaisance.

Si cette circulation ne comprenait jamais que deux personnes, les banquiers la reconnaîtraient vite, parce que le retour régulier des mêmes signatures leur donnerait à réfléchir, et à moins de connivence, ils arrêteraient les renouvellements en refusant l'escompte. Mais plusieurs personnes peuvent y être engagées : A tire sur B, B sur C, C sur D, et D sur A. Chaque tiré a accepté un effet et figure comme tireur dans un autre du même montant. Chacun porte à son banquier l'effet qu'on lui a accepté, et obtient en même temps que ce qu'il devra payer, ce dont il a besoin. Il y a alors entre les participants un cercle d'acceptations, une chaîne fermée dont chaque acceptation forme un anneau et qui peut s'étendre plus ou moins suivant leur nombre. En Allemagne, où la circulation de complaisance est d'un emploi fréquent, on l'appelle *Wechselreiterei*, parce que les effets « chevauchent » l'un sur l'autre (1). La première traite, celle qui procure le crédit, est la traite fondamentale *Grundtratte* ; les autres ne servent qu'à la couvrir, *Deckungstratte* (2).

3. D'ailleurs les parties, pour se procurer à chacune de l'argent, ne tirent pas toujours réciproquement l'une sur l'autre. Elles font escompter un effet accordé par l'une d'elles et en partagent par moitié l'émolument : elles *opèrent de compte à demi*.

1. M. Thaller veut traduire *Wechselreiterei* par « traites en cavalerie ». Des auteurs allemands *indiquent* comme correspondant à ce mot, l'expression « faire la navette ».

2. Thöl, *Das Handelsrecht*, t. II, § 73 ; Wächter, *Encyclopädie des Wechselrechts...*, 1881, v° Wechselreiterei, p. 1032.

4. Enfin nous verrons que les effets fictifs se prêtent aussi commodément à des circulations de complaisance.

La circulation de complaisance a généralement lieu entre personnes mises directement en rapport par leurs relations commerciales, et qui veulent lutter contre une situation embarrassée et surmonter un resserrement du crédit. Mais des maisons se sont créées sous le prétexte de « faciliter le crédit commercial en lui donnant sa plus large extension », en réalité pour permettre l'échange des signatures de complaisance. Elles ne savent que trop que « le papier de commerce est de l'argent », mais si elles en donnent la preuve, elles emploient un singulier moyen pour le démontrer. Autrefois très nombreuses, ces *Banques d'échange* ont à peu près disparu devant les poursuites que le ministère public a dirigées contre elles (1). Moyennant une commission relativement faible, payée comptant, elles mettaient en rapport des commerçants en quête d'argent qui pouvaient adopter l'un des procédés que nous avons ci-dessus indiqués, et qui échangeaient leurs signatures, séparément et sans se connaître. Elles leur octroyaient immédiatement du papier de commerce à leur ordre, billets souscrits ou traites acceptées en France ou à l'étranger, sous la condition de les payer à l'échéance, mais avec la faculté de les renouveler s'ils n'avaient pu rétablir le courant de leurs affaires ; ou bien elles leur demandaient de souscrire

—————

1. Elles se paraient de raisons sociales appelant l'attention et paraissant recommandables : « Caisse commerciale et industrielle ». — « Banque générale du commerce ». — « Syndicat de la Haute Banque et de la Grande Industrie ». — L'Union des Banques ». D'autres prirent leur nom véritable de Banques d'échange » ou « d'Intermédiaire provincial ». — C'est de 1865 à 1878 qu'elles atteignirent leur plus grand développement.

des effets au profit de négociants qu'elles leur indiquaient
L'un d'eux se chargeait de les porter à l'escompte et remet-
tait la moitié du produit de la négociation à l'autre ; à
l'échéance, chacun devait pourvoir dans cette mesure au
paiement de l'effet. Tous les effets étaient causés « valeur
en marchandises », et rien ne révélait l'intervention de ces
agences, car elles procédaient à l'échange des effets sans y
mettre leur propre signature. Les journaux les plus répan-
dus offraient dans des annonces à leur nom, du crédit à
tous les commerçants, et des circulaires étaient distribuées
à profusion, énumérant la façon dont opéraient ces banques d'échange et les combinaisons qu'elles étaient en
mesure d'offrir (1).

1. M. Thaller (D. 97.2.386) cite un exemple tout à fait typique. Il rapporte
une circulaire ainsi conçue :

« J'ai l'honneur de vous présenter mes offres de services, pour le cas où
vous auriez besoin de mon intermédiaire, soit pour solder vos achats au
comptant, soit pour donner l'extension à votre commerce ou à votre industrie, soit encore pour faire face à des engagements. En outre, j'ai l'honneur
de vous soumettre 3 combinaisons qui rendent de réels services aux commerçants et industriels solvables.

a) *Papiers de commerce.* — Je fournis des billets ou traites acceptées à
votre ordre, par des signatures sur différentes villes de France et de l'étranger et que vous pouvez escompter en banque ou donner en paiement à des
fournisseurs. Comme vous serez le bénéficiaire, il est bien entendu que vous
devez en faire les fonds à l'échéance, sauf à renouveler à chaque trimestre
si vous le désirez jusqu'à ce que vous puissiez atteindre le délai demandé. La
remise à m'allouer pour mes frais et débours sera de 3 0/0.

b) *Escompte en compte à demi.* — Vous acceptez une ou plusieurs traites d'une somme quelconque, à un commerçant avec lequel je vous mets en
rapport. Ce commerçant fait escompter ces traites et vous remet la moitié du
net produit de l'escompte conservant pour ses besoins personnels l'autre moitié. L'échéance arrivée, il vous compte cette autre moitié, vous fournissez la
somme que vous avez précédemment touchée et vous payez les traites. Vous
pouvez renouveler. Bien entendu, il vous est loisible d'intervertir les situations et de prendre celle de tireur.

c) *Echange de signatures.* — Je mets en rapport deux commerçants pou-

L'effet de complaisance nous apparaît donc comme équivalent à une sorte de titre non remboursable, à un engagement auquel l'obligé ne peut satisfaire qu'en le renouvelant.

C. Valeurs de circulation. — Aux valeurs de complaisance se rattachent directement les *valeurs de circulation* et il est parfois difficile de distinguer entre elles.

Ces valeurs de circulation se réalisent aussi par le moyen de *renouvellements*. On emploie les renouvellements quand on ne se trouve pas en mesure de payer aux échéances ; on obtient du créancier qu'il tire de nouveau une traite qu'on acceptera, qu'il reçoive un nouveau billet, et le produit de la négociation en banque de la traite ou du billet servira à payer le porteur. On gagne ainsi un délai de trois mois et c'est parfaitement licite quand il s'agit d'un effet réel.

L'effet renouvelé vaut ce que valait le premier effet, de telle sorte que le renouvellement d'un effet de complaisance n'en changerait pas le caractère primitif. Le créancier à qui l'on demande le renouvellement d'un effet réel n'est pas trompé, il sait que son client traverse une période de crise, il peut limiter son crédit, si bon lui semble. Au contraire, dans le cas d'un effet de complaisance, celui qu'on paie est maintenu en confiance, même il lui arrivera d'augmenter le crédit qu'il a jusqu'alors accordé.

vant traiter ensemble ; ils acceptent mutuellement des valeurs d'une somme égale, et à l'échéance, payent chacun leur propre acceptation. Ils peuvent renouveler et prolonger l'opération. Dans ce genre d'affaire, je ne suis pas ducroire ».

Comp. Rousseau, *Du trafic des billets de complaisance*, p. 23 ; Dramard, *Traité des effets de complaisance*, n⁰ˢ 109 et s. ; Bauer, *der Wechsel, Gefälligkeitswechsel*, etc... Leipzig, 1889, p. 22.

A côté de ces renouvellements dont l'abus seul deviendrait répréhensible, des valeurs peuvent être renouvelées, non plus par une faculté que concède le créancier au moment de l'échéance, mais par suite d'une convention originaire. Ce sont ces valeurs qu'on appelle *valeurs de circulation*. C'est un agriculteur qui se fait livrer des engrais et n'en réglera le prix d'achat qu'à l'époque de la récolte ; c'est un industriel qui veut perfectionner son outillage et introduire de nouvelles machines dans ses usines, alors qu'il ne pourra s'acquitter que dans quelques années. Il y a eu une réelle opération commerciale, seulement le marchand d'engrais, ou le constructeur de machines a accordé un terme assez long, et comme il veut utiliser son crédit il préfère le papier court au papier long, difficilement escomptable. Il tirera sur son débiteur des traites ou lui fera souscrire des billets, avec promesse de les renouveler à chaque échéance, c'est-à-dire tous les trois mois, jusqu'à l'arrivée du terme. L'émission de ces valeurs de circulation permet de mobiliser des créances sérieuses, à échéance éloignée. A chaque renouvellement, le créancier fournit au débiteur les moyens de se libérer, et par l'escompte des effets rentre dans les capitaux qu'il a avancés. La validité de cet emploi des effets de commerce n'est pas contestée (1).

La convention originaire était alors une vente, mais ce pourrait être une ouverture de crédit pour une période fixée. Le créditeur autorise le crédité à tirer sur lui des effets qui par l'escompte constituent le crédit ouvert, et sont renouvelés à chaque échéance ; et il se peut qu'il rentre dans

1. Lyon-Caen et Renault, t. IV, n° 310 ; Thaller, *Traité*, 1re éd., n° 1163 note de M. P. Pic, D. 98.2.522.

ses avances en tirant de son côté, en sens inverse par conséquent, des effets également renouvelables sur son débiteur pour des échéances plus éloignées, correspondant au terme de l'ouverture de crédit. Il semble qu'il peut y avoir là un moyen de dissimuler une véritable circulation de complaisance simple ou double, souvent accompagnée d'une opération de compte à demi, il semble que l'ouverture de crédit n'est pas réelle. C'est en exposant la théorie de la nullité de l'effet de complaisance que nous apprécierons la limite qui le sépare des valeurs de circulation.

D. Effets fictifs. — Entre les effets de complaisance et les effets fictifs, il n'y a qu'un pas. On le franchit vite. La ligne de séparation est bien faible, entre tirer sur un individu qui est notoirement insolvable, complètement incapable de payer, et tirer sur une personne qui n'existe pas du tout : l'effet créé n'a pas plus de valeur. Il peut y avoir une différence en droit pénal ; en morale commerciale, il n'y en a pas, et le danger est le même.

1. L'effet est fictif, d'abord lorsqu'il est *tiré, à son insu, sur une personne qui existe, mais que le tireur sait ne pas être et ne pas devoir être sa débitrice à l'échéance* (1). Cela n'est possible qu'avec la lettre de change. Le billet à ordre, à moins de faux, suppose une entente par complaisance ou complicité. Le trafic de ces effets fictifs, est rendu plus facile sur les places où n'existe pas l'habitude de porter immédiatement les effets à l'acceptation, et nous verrons que la

---

1. Il n'y a donc pas d'effet fictif quant au moment du tirage, le tireur croyait et pouvait croire qu'il serait débiteur du tiré, parce qu'il comptait, soit lui adresser des marchandises, soit lui envoyer les fonds. Boistel, n° 683.

règle d'une prompte acceptation en est le plus sûr remède(1).
Souvent d'ailleurs, le tireur déclarera l'effet non accepta-
ble, laissant penser qu'il n'agit ainsi que parce qu'il craint
de ne pouvoir faire la provision qu'à l'échéance. Quelquefois, de plus, il domiciliera l'effet.—Le tiré ne peut être tenu
d'accepter, ni de payer. A l'échéance, le tireur enverra les
fonds chez le tiré ou chez le domiciliataire. La traite sera
acquittée au moyen d'un nouveau *tirage en l'air* : il y aura
une circulation de complaisance que, sans le savoir, le
tiré facilitera.

Si le tiré se prête à la combinaison, les valeurs deviendront de véritables effets de complaisance, mais, en général, ce n'est qu'au moment du paiement qu'intervient le
tiré, et il ne manque malheureusement pas de négociants
d'une honorabilité parfaite qui se laissent aller à prêter
leur nom, en payant au jour de l'échéance avec les fonds
qui leur sont envoyés. Nullement engagés au point de vue
du droit de change, nous aurons à rechercher s'ils ne le
sont pas en vertu de l'article 1382, et si l'on ne peut pas
fonder une action de dommages-intérêts sur leur aide à la
réalisation de cette pratique.

Le porteur d'un tel effet a son recours contre les endosseurs et le tireur, c'est-à-dire que la lettre de change produit ses effets ordinaires à l'égard du tireur, des endosseurs et du porteur.

De ce cas, on pourrait rapprocher celui d'une traite tirée
pour une somme supérieure à celle qui est ou sera due.
L'acceptation, si elle intervient, sera partielle ; et pour le

1. Courcelle-Seneuil, *Les opérations de banque*, 8e éd., 1899, p. 189 ;
comp. Einert, *das Wechselrecht*, 1839, p. 200.

surplus l'effet sera fictif et produira en principe, les mêmes conséquences que celui dont nous venons de nous occuper (1).

2. On entend plus souvent sous le nom d'*effet fictif* celui qui est *tiré sur une ou plusieurs personnes imaginaires ou inexistantes* (2). Celui qui fabrique une lettre de change y met un acceptant fictif ; parfois il ajoute un tireur qui n'existe pas, puis, au besoin, un endosseur simulé; enfin, il se placera lui-même comme dernier endosseur. Il fabriquerait de même un billet fictif. Il essaie de provoquer la confiance, en donnant au titre l'apparence d'un effet ordinaire, par l'apposition de signatures différentes, de timbres et cachets des signataires. Il escompte la traite, ayant pris soin de la domicilier dans une banque importante, autant pour pouvoir la rembourser sans éveiller l'attention que pour faire croire qu'un crédit lui est ouvert dans cette banque. Combien de gens, en effet, n'iront pas penser qu'il dépend du bon plaisir du tireur d'assigner à la traite, un domicile de marque, comme une grande banque, sans avoir jamais eu aucun rapport avec elle ! Peu de temps avant l'échéance, le montant de l'effet sera envoyé au domicile grâce à la fabrication d'un autre effet qui permet de rembourser le premier (3).

---

1. Il arrive aussi que des commerçants gênés tirent deux traites sur le même client et envoient les fonds à l'échéance, invoquant souvent une erreur de leur part.

2. Par ex : sur des personnes décédées.

3. Ce procédé d'envoi des fonds à domicile, quand vient l'échéance, est admis dans les relations commerciales. Il n'a rien de suspect en lui-même : le tireur se présente au nom de l'acceptant et prie le domiciliataire d'acquitter l'effet et de le lui retourner.

Plus employé autrefois que l'effet de complaisance, cet effet fictif qui dut son succès à la facilité de son emploi, a été délaissé depuis qu'on a voulu le considérer comme un faux. En outre, il est certainement commode de trouver un individu qui pour une faible rétribution, s'engage à signer un ou plusieurs effets. D'ailleurs, si le commerçant n'est pas dans un état d'insolvabilité notoire, il se borne, pour éviter un faux inutile à mentionner un tiré fictif sans signer du nom de celui-ci (1).

Les commerçants qui se servaient des effets fictifs, savaient se ménager la bienveillance d'un banquier. Après lui avoir d'abord escompté des effets réels, ils y mêlaient habilement quelques-uns de leurs effets fictifs, en augmentant progressivement le nombre des valeurs à escompter, comme cela est naturel pour une bonne maison qui, chaque année étend ses affaires à un plus large cercle. Cette pratique fréquente en Angleterre au début de ce siècle (2), fut surtout abondante en Allemagne et en France vers 1850 : elle se révéla sous la forme de circulation d'effets, mais fut délaissée lorsque se répandit l'habitude des effets de complaisance (3).

---

1. Il peut encore n'y avoir qu'un seul nom de fictif, quand il s'agit d'ajouter une signature pour satisfaire, par exemple. à l'exigence des trois signatures requises pour l'admission d'un effet en Banque.

2. On rapporte que le ministre Pitt recourut à cet expédient, en 1799, pour fournir au Trésor anglais les fonds dont il avait besoin. Schiebé, *Traité des lettres de change...* 1819, p. 178 ; Kheil, p. 185.

3. On l'appelle *Kellerwechsel* en Allemagne, soit par ce qu'il craint le jour (Wächter, l. c. p. 466 ; Bauer, p. 31) soit parce qu'il est fabriqué dans des endroits sombres (Hartmann, *das deutsche Wechselrecht*, 1869, p. 186). La pratique lui a donné d'autres noms Schornstein ; Finanz ; Aùshilfs ; Idéal ; Bastardwechsel. Comp. en Angleterre « fictitious bills ». Conf. Schneider,

Il y a dans tous ces effets, *supposition de nom* : l'article 112 du Code de commerce les répute simples promesses. Quoique fictifs, ils produisent à l'égard des tiers porteurs les conséquences des effets réguliers : il est vrai qu'en général le fabricant qui s'est soumis à un recours est insolvable. Cependant ils sont aussi employés par des individus qui ne veulent que gagner du temps pour rétablir leur position : craignant par la demande d'une « complaisance » à un ami, de dévoiler le secret de leur situation, tenant à leur renommée, ils veulent agir avec précaution, pour conserver leur considération dans le public commercial, car ils croient, dans peu de temps être en mesure de balancer leurs comptes. Ce n'est bien souvent qu'une illusion, et loin de les mieux protéger, l'effet fictif risque de leur faire perdre honneur et fortune !

L'étude des effets fictifs est donc simple : nous ne nous y arrêterons pas, sauf à y revenir pour indiquer les moyens propres à les découvrir, et, au point de vue de la répression, pour savoir les peines applicables à ceux qui en font usage (1).

E. Warrants fictifs. — Séparé du récépissé, le warrant

Der Kellerw, und seine Fabricanten, 1876 ; Kheil, *der Machiavelismus der Kellerwechsel*, in archiv der Théorie und Praxis des Wechselrechts, t. 10, p. 185 et s.

1. V. art. 509 C. pénal belge. — En Angleterre, l'Act de 1882 (Bills of exchange 45 et 46 Vich. c. 61) établit une excuse en cas de non présentation au paiement quand le tiré est fictif (art. 46), et une dispense de notification du refus d'acceptation ou de paiement si le tiré est fictif vis-à-vis du tireur et de l'endosseur qui l'a su (art. 59). Si le preneur est fictif ou non-existant, on considère l'effet comme au porteur. Byles, *Bills of exchange 1885*, p. 243 et 247 ; Daniel, *Negociable instruments*, § 136 et s.

est un véritable effet de commerce : l'endossement en fait
un billet à ordre dont le paiement est garanti par les marchandises mises en gage, sans qu'on ait besoin pour cela
de les déplacer matériellement, pour en assurer la déten-
tion au créancier gagiste. Or le trafic des warrants se prête
à des combinaisons qui présentent une grande analogie
avec les effets de complaisance (1).

Le warrant repose sur le crédit réel. Sa circulation est
assurée par la garantie qu'il procure au preneur : le produit
des marchandises déposées paiera le porteur du warrant.
Son caractère de billet à ordre s'efface devant son caractère
de réalité : et comme le dépôt de marchandises gagées est
propre à inspirer confiance, on a imaginé de se procurer du
crédit en créant des warrants irréguliers, des *warrants
fictifs*. L'étiquette officielle « agréée par l'Etat » que portent
les magasins généraux les a fait considérer par beaucoup
de commerçants comme une institution d'Etat, et a contribué à rendre les fraudes plus nombreuses, en laissant
croire à une surveillance qui n'existe pas, — la loi du
31 août 1870 l'ayant supprimée. C'est qu'en effet, l'exploitation des docks, une fois l'autorisation préfectorale obtenue, est entièrement libre (2) et tout dépendra de la
loyauté et de la bonne foi du magasinier.

I. Sans parler du cas parfaitement licite où un aval, un
endossement sont donnés par complaisance, pour négocier

1. Thaller, *Traité de D. Com.*, 2⁰ éd., n⁰ 1618 ; et Ann. de D Com.,
1894, 2, 50.

2. Les agents des douanes ou des contributions directes ont le droit de
demander communication des livres des Magasins généraux, seulement ils
n'exercent pas en cela une surveillance, mais ils ne font que pour réclamer ce
qui peut être dû au fisc.

le warrant à la Banque de France (1), on a employé plusieurs procédés d'un caractère inégalement frauduleux :

1° Celui qui a effectué un dépôt dans un magasin général pour exagérer la valeur de la chose warrantée, endosse le warrant à un insolvable ou à un compère qui, par un endossement postérieur, le cédera à un tiers de bonne foi pour la somme indiquée dans l'endossement primitif. Le magasinier, responsable des inexactitudes lorsqu'elles portent sur le poids et la quantité de la chose, n'est pas garant des déclarations des parties, en ce qui concerne la qualité, l'espèce, la provenance des marchandises (2) ; et on pourrait se demander si le porteur n'est pas négligent en ne vérifiant pas la sincérité de la valeur portée sur le warrant. N'a-t-il pas le droit de requérir, conformément à l'art. 5 de la loi du 18 juillet 1866 pour les marchandises déposées dans le magasin une estimation qui l'instruira de la vérité ? Une circulaire du Directeur général des douanes, du 31 mars 1859, voulant dégager la responsabilité de l'Etat, recommande à ceux qui acceptent des warrants « de s'édifier par eux-mêmes sur la nature, la qualité et la qnantité réelle des produits qui leur sont donnés en nantissement ». Mais ici, le preneur s'est trouvé rassuré par l'endossement précédent : c'est par une manœuvre habile qu'on est arrivé à lui faire prendre l'effet.

2° C'est le magasinier qui délivre immédiatement des warrants sur des marchandises dont le dépôt lui est promis pour plus tard, mais n'est pas réellement effectué. Trop

1. Comp. art. 11, l. 28 mai 1858.
2. Cass. 21 juillet 1869. D. 70. 1. 86 ; Lyon-Caen et Renault, 3ᵉ éd., t. III, nᵒ 400.

confiant, il a cédé aux instances d'un client qui promettait d'entreposer des marchandises dès qu'elles seraient en état de sortir de ses usines ; parfois il voit moins le péril auquel il s'expose que le gain actuel, prix promis à sa complicité, part à lui attribuée sur l'argent qu'a procuré la négociation du warrant en banque (1). En laissant de côté la responsabilité qui lui incombe comme magasinier, il ressemble à un négociant imprudent, qui consent des acceptations à un commerçant auquel il ne doit rien : comme lui, il espère que celui qui va profiter de sa complaisance, fera les fonds en temps utile.

3° Le magasinier, à la suite d'une entente avec le déposant, lui remet soit des warrants pour une valeur supérieure à celle des marchandises warrantées, soit plusieurs warrants pour le même dépôt, ou il lui délivre des warrants sans que rien puisse en justifier même partiellement la création (2). Il y aura alors place pour une *circulation de complaisance* qui se renouvellera aussi longtemps que le magasinier inspirera confiance, car il pourra créer de nouveaux warrants dont le produit sera affecté au paiement des précédents. Cela n'a guère lieu en vérité, et la pratique n'en offre d'exemples quepour certaines denrées dont la conservation nécessite des soins continuels ou pour la préservation desquelles il faut l'emploi de moyens spéciaux, et qu'on mélange ensemble dans des récipients communs, comme l'huile, le pétrole, les spiritueux... Ce peut être du blé mis en monceaux (3).

1. Arnoul. *De la liberté possible des Mag. gén.* Ann. d. Com. 90. 2. 121.
2. Au besoin, on usera d'un prête-nom pour escompter les warrants en banque.
3. Orléans, 6 janvier 1887. D. 87. 2. 223.

Cette façon de procéder, quoique contraire au vœu de la loi (1) a pour elle une tradition constante. En fait, il n'y a pas possibilité de vérifier puisqu'il ne s'agit pas de choses dont on peut facilement reconnaître l'identité, l'individualité, ou tout au moins les moyens de vérification sont insuffisants : le courtier devrait consulter les registres du magasin général pour savoir les warrants correspondants aux produits mélangés, puis constater si les récipients contiennent les quantités indiquées ; ce ne serait même pas certain, car il lui faudrait encore déjouer les ruses que Je besoin a inspirées aux magasinier et déposant, comme dans le krach des huiles de Saint-Ouen, où l'on avait mis à profit les lois sur la densité des liquides, et où les vérificateurs constatèrent que le fond des cuves à huile ne contenait que de l'eau (2).

II. Tous ces warrants sont fictifs ; il leur manque les conditions nécessaires à la validité d'un warrant régulier, ils sont de plus contraires à l'honnêteté et à la moralité commerciale. Quels en seront les effets ? S'il n'y a pas de marchandises pour en justifier la création, le magasinier qui s'en est reconnu détenteur pour une quantité déterminée, est responsable envers les tiers, de leur absence, et le warrant ne vaudra plus que ce que vaut un billet de complaisance. Il en sera également ainsi, dans la mesure où

1. Chaque propriétaire peut voir sa situation rendue plus mauvaise ; il a perdu son droit de revendication spéciale : revendiquer *pro indiviso* lui reste seul possible.

2. G. Michel, *Les Mag. gén. et les garanties nécessaires à leur fonctionnement.* L'Economiste français, 7 juin 1890 ; Bruno, *Docks et Warrants*, thèse, Paris, 1898, p. 210. D'autres fraudes peuvent se produire en raison de ce que les Magasins généraux peuvent prêter sur marchandises.

le warrant est fictif, s'il y a eu une exagération, soit lors de la délivrance du warrant dans la quantité des produits engagés, soit lors de l'endossement dans l'estimation de ces produits.

Le porteur aura d'ailleurs à sa disposition une action en dommages-intérêts, et on pourra trouver dans le fait des parties les éléments constitutifs d'escroquerie ou d'abus de confiance (1).

Au cas de mélange de denrées emmagasinées, on n'admettra au partage de liquidation que les vrais déposants, ceux qui ont réellement introduit des marchandises dans le magasin, et, en principe, on répartira proportionnellement entre eux ce qui existera. Si le magasinier a inscrit sur son livre d'entrée plus de produits qu'il n'en a reçus, on recherchera par tous les moyens possibles, puisqu'il y a fraude, la quantité exacte des denrées déposées et mélangées.

On pourrait supposer des hypothèses analogues en présence d'une *traite documentaire*, si un connaissement simulé en tout ou en partie y était joint. Il y aurait entente frauduleuse entre le soi-disant chargeur de marchandises et le capitaine du navire qui est censé les contenir: la traite serait fictive et sa création entraînerait les mêmes conséquences civiles et pénales que celle d'un warrant fictif (2).

III. Emu par le préjudice que peuvent causer les warrants irréguliers, on proposa en 1890, à la Chambre des

---

1. L'autorisation accordée au magasinier sera d'ailleurs révoquée. D. du 12 mars 1859, art. 11.

2. Thaller, *Ann. D. Com.* 94, 2, 53. « Le connaissement joue exactement le rôle de warrant dans le Magasin général ». Mais il ne faut pas oublier que le connaissement n'est pas un effet de commerce.

députés, une réforme complète des lois sur les Magasins généraux. Revenant à la liberté absolue, on voulait supprimer le monopole de l'exploitation des docks, par l'abrogation pure et simple des lois de 1858 et 1870 (1). Ce serait au preneur du warrant de vérifier lui-même, à ses risques et périls, si son gage existe. Mais on semble plutôt s'être prononcé pour le maintien du *statu quo*, non sans admettre quelques réformes de détail.

Les abus regrettables qui se sont produits, semblent justifier le système légal.

On a du **reste** proposé des dispositions législatives qui assureraient la répression des warrants fictifs : d'abord en supprimant le droit pour le magasinier de se livrer à des opérations de banque, de prêter sur marchandises (2) ; puis, en facilitant le nantissement régulier de denrées, telles que grains, huiles... Pour cela, on rendait possible la vérification par un expert : on astreignait les établissements qui recevaient « des dépôts restituables *in genere*, à le mentionner dans leur déclaration d'ouverture », et on les obligeait à se munir de récipients de dimensions et de formes déterminées, permettant la vérification des quantités et qualités emmagasinées (3).

Le danger est, en vérité, moins grand qu'on ne l'a cru. L'institution des magasins a subi comme une crise, il y a

1. Propos. de **M. E. Ferry** (séance du 27 fév. 1890, *J. off*. 90, p. 386 ; Rapport sur la propos. (Doc. parlemen 1890. p. 625, annexe nº 513) ; Lyon-Caen et Renault, 3ᵉ édit. t. III, nº 337.

2. Rapp. Dupuy-Dutemps (*J. off*. 1893, Ann. Chambre, p. 441, nº 2688). On voulait proscrire surtout, l'appellation de « Magasin agréé par l'État ».

3. Art. 7 de la prop. de loi ; *adde* Rapport Dupuy-Dutemps ; Thaller, *Ann*. 91, 2, 59. — Conf. *C. de Com. russe*, art. 756, trad. Tchernow.

quelques années, et s'il peut toujours y avoir majoration
des marchandises, c'est bien le seul risque que l'on ait à
courir, et l'estimation par un expert permet de l'éviter. Loin
d'admettre la liberté de constitution des Magasins généraux,
il faudrait au contraire leur imposer une surveillance plus
rigoureuse.

Cette division des effets de complaisance s'imposait ; il
importait, dès le début, de présenter les différentes formes
qu'ils revêtent. Nous avons parlé des warrants fictifs, pour
donner un exposé complet : en raison des conditions spéciales de leur existence, ils ne sauraient nous arrêter plus
longtemps. Quant aux effets fictifs, nous reviendrons sur
quelques-unes de leurs conséquences. Mais nous avons
principalement tenu à appuyer sur la distinction des effets
résultant d'actes de complaisance, des valeurs de circulation
et des effets de complaisance : c'est qu'elle est la base même
du sujet.

CHAPITRE II

En la forme l'effet de complaisance ne se distingue nullement d'un effet régulier. Rien dans le contexte qui puisse éveiller l'attention : l'œil le plus exercé, l'esprit le plus pénétrant n'y découvriraient aucune chose qui leur fût suspecte. Toutes les formalités requises, encore que faussement indiquées, y sont relatées : ceux qui s'en servent savent trop bien que le Code de commerce fait de la lettre de change comme du billet à ordre, un acte solennel (1), et que l'oubli d'une mention en entraîne la nullité totale ; tous leurs efforts tendent à lui donner l'apparence d'une valeur commerciale sérieuse.

Au fond, il en est tout autrement, et c'est sur ce terrain qu'on doit attaquer l'effet de complaisance. Pour en apprécier la nature, nous l'examinerons à un double point de vue : économique et juridique.

§ 1. — Au point de vue économique.

Les effets de complaisance ont pour but de chercher à obtenir des fonds et à soutenir un crédit, soit qu'on les

1. Lyon-Caen et Renault, t. IV, n° 55 et 56.

porte à l'escompte, soit qu'on les donne en paiement à un créancier pour couvrir une obligation antérieure et éviter des poursuites, soit qu'on les endosse à une personne pour la déterminer à livrer des marchandises. Ils peuvent faciliter une opération future ou reculer une échéance. Un commerçant qui n'a pas de capitaux disponibles ou qui emploie son argent comptant à d'autres entreprises, et qui ne veut pas emprunter parce qu'à l'échéance des effets tirés, il est certain d'avoir de quoi les payer, — peut, par ce moyen, réaliser une affaire lucrative qu'il a en vue. Ces effets permettront aussi de ne pas vendre des marchandises pour un prix dérisoire par suite d'une baisse énorme, et d'attendre le retour d'un taux normal. Un délai sera indirectement obtenu, le paiement d'un effet de commerce sera simplement reculé (1).

Ils n'ont rien d'essentiellement mauvais mais il est trop facile d'en abuser, et c'est cet abus que craignent tous les économistes (2), parce qu'il est possible pour tout commerçant, quelle que soit sa situation. Un économiste anglais, Macleod, s'en fait le défenseur, en disant « qu'il n'est rien dans leur nature de pire, ni de plus dangereux que dans le vrai papier de commerce, quand on en use avec modération ». Pour lui, toute la différence entre l'effet de complaisance et l'effet réel consiste en « devoir être » et « avoir été ». L'effet régulier présente une affaire passée : les marchandises achetées serviront à le payer ; l'effet de complaisance

1. Lehmann, *Lehrbüch des d. Wechselrechts,* 1886, p. 468.
2. Cauwès, *C. d'Econ. polit.,* 3e éd., t. II., n° 594 ; Leroy-Beaulieu, *Traité d'Econ. polit.,* 1896 t. 3, p. 44 ; Macleod, *Principles of Economical Philosophy,* London, 1872, p. 584, et *The theory and practice of Banking,* 1893, t. I, p. 307.

présente une affaire future : des marchandises seront achetées dont le produit paiera l'effet (1).

Leur vrai danger réside donc en ce qu'ils ne sont pas limités en quantité. Les effets réguliers reposant sur un transfert réel de marchandises ou sur une convention (2) sont
limités, quant à leur nombre par la nature des affaires, et
s'il y en a qui pris individuellement sont sans valeur, ils ne
peuvent se développer au delà d'une certaine mesure et
répondent toujours à une opération de commerce (3). La
conséquence en est que les pertes seront plus grandes avec
les effets de complaisance, parce qu'elles ont lieu indirectement, et qu'on ne les aperçoit qu'alors que tout est irrémé-
diablement perdu.

Il en résulte que *la pratique des effets de complaisance
peut nuire au crédit régulier, et le mettre en péril perma-
nent.* Souvent dangereuse quand c'est un commerçant à la
tête de ses affaires qui l'emploie, elle est toujours désas-
treuse quand un négociant aux abois vient à sen servir.

A. *Pour celui qui s'en sert,* elle est en général le prélude
de la ruine : de tels effets ne lui sont qu'un moyen factice
de prolonger une situation embarrassée, une existence commerciale désespérée.

I. C'est une manière fort coûteuse d'emprunter (car l'escompte réalise un prêt indirect). La complaisance ou la

---

1. Macleod, *Principles*, p. 586.
2. Nous laissons actuellement de côté leur prétendu caractère de sécurité.
3. Macleod, *Principles*, p. 587 ; Stuart Mill, *Principles of polit. Econ.*
l. III, chap. XI, § 4 ; l'enquête anglaise de 1867 a établi que certaines maisons ne disposant que d'un capital de 75.000 fr. avaient souscrit jusqu'à 10
millions de lettres de change. Cauwès, t. II, n° 594. — V. Louis Blanc, *His-
toire de la Révolution de 1848,* cité dans Rousseau, p. 11 et Dramard, n° 2.

complicité se paient : les frais occasionnés sont considérables. A l'escompte, c'est-à-dire, à la perte que subit le papier en raison de l'éloignement de l'échéance, viennent s'ajouter les frais de commission, de timbre, de port de lettres.... La plupart du temps, le montant de chaque effet est augmenté de l'escompte de tous ceux qui le précèdent, de telle sorte qu'avec le calcul à intérêt composé, la progression est si rapide qu'il faudrait une spéculation bien heureuse, un rétablissement bien subit de la situation du commerçant, pour que ses rentrées puissent suffire non seulement à rembourser ces frais écrasants, mais à fournir encore un excédent à son profit (1). Et combien ces frais seront plus grands, si on a eu recours à des intermédiaires tels que les « banques d'échange ».

II. En cas de circulation de complaisance, le négociant lie son sort à celui de ses co-participants, à tel point que si l'un d'eux vient à manquer à son obligation, ou s'il refuse de continuer la combinaison et qu'on ne puisse immédiatement le remplacer, l'inanité des acceptations apparaîtra aux yeux de tous. La ruine s'en suivra, — parce qu'alors même qu'il pourrait acquitter ses propres acceptations, il devrait de plus payer les autres effets, objet de la circulation ; et si,

---

1. D'après Thornton, *Essay on paper crédit 1802*, p. **34**, l'échange des effets de complaisance se ferait à l'avantage des deux parties. Si A tire sur B, dit-il, il lui paie un droit de commission qu'il recevra quand B tirera sur lui : on doit supposer que le taux de la commission est le même pour tous deux, il n'en coûtera donc à chacun que l'escompte et les frais de timbre. *Contrà*, Adam Smith, *Richesse des nations*, éd. Guillaumin, 1843, t. I, p. 374 ; Schiebé, *T. des lettres de change*, § 188, n° 1.

par impossible, il pouvait y satisfaire, son crédit en sortirait trop fortement ébranlé (1) !.

III. Enfin, tourmenté par le souci de faire face aux échéances, il négligera ses affaires, les confiera à des mains étrangères et tout ira à la dérive jusqu'à ce que son insolvabilité vienne à éclater, ou qu'il abdique entre les mains d'un créancier la gestion de son patrimoine.

B. *Pour les créanciers*, ces effets absorbent ce qui formait leur gage. Combien de faillites n'ont été retardées et compromises que parce qu'on a voulu prolonger une agonie commerciale ! On ne saurait trop le répéter, c'est un devoir pour un commerçant endetté ou obéré de s'entendre avec ses créanciers, de liquider sa situation ou de demander l'ouverture de sa faillite. Ce sera toujours le parti le plus sage auquel il pourra se résoudre dans l'intérêt des ses créanciers comme dans le sien. Recourir à des artifices aussi illusoires que les effets de complaisance, ce ne sera que faire durer quelque temps encore une existence commerciale sacrifiée, augmenter la perte de chacun et s'exposer à des peines sérieuses.

C. *Quant au public*, se fiant à l'apparence des effets qui revêtent la forme d'un trafic commercial solide et font croire à un sincère lien d'affaires entre les parties, il con-

---

1. C'est encore plus certain quand on s'est adressé à une banque d'échange. On sait quel est le prix des services de ces agences, on sait qu'ils sont rares ceux qu'elles ont vraiment secourus. Celui qui est venu échanger sa signature a pu être de bonne foi, et il a payé les effets qu'il a souscrits. Il se croit libéré, oubliant qu'il est obligé par son endos mis sur les effets qui ont formé la contre-valeur de ceux qu'il a donnés. Ce n'est plus la somme dont il avait besoin et qu'il a obtenue qu'il lui faut payer : c'est le double ! C'est plus encore, avec tous les frais accessoires et commission qu'il a préalablement versés. Et à défaut d'un paiement immédiat qu'il n'avait pas prévu, c'est la faillite.

clut à une situation satisfaisante, à un commerce honnète-
ment conduit, et est amené à traiter avec un commerçant
obéré.

Le danger est d'autant plus grand qu'une circulation de
complaisance en entraîne vite d'autres.

D'ailleurs les effets de complaisance peuvent influer sur
le *développement du crédit*. Le grand nombre des effets
fait monter le prix des marchandises, et réels ou fictifs, tous
entrent dans le calcul (1). De même le stock monétaire des
banques d'émission peut se trouver diminué par suite
d'avances assez considérables qu'elles ont faites sur du papier de circulation, et elles ont alors intérèt à écarter le
papier qui ne représente pas des opérations réelles, et à se
défendre « contre une mise à contribution de leurs disponibles ». On l'a bien vu, en Allemagne, au cours de l'année
financière 1897-98 : la Reichsbank refusa l'escompte d'effets
qui lui étaient présentés par des banques d'une réelle solvabilité et acceptés par des personnes dont le crédit était
certain, parce que ces effets reposaient seulement sur des
ouvertures de crédit, et n'avait pour but que de permettre
au crédité de se faire de l'argent (2).

On comprend aussi que le papier de circulation joue un
rôle dans le *commerce international*. L'augmentation de
quantité des effets fait monter sur une place le prix du
change, et les effets de complaisance y contribuent pour

1. Il pourrait y avoir une influence des valeurs de complaisance sur le taux
de l'escompte. — Au cas de warrants fictifs, la simulation d'entrées de marchandises dans les docks, pourrait venir fausser à la cote, le juste prix.

2. V. plus loin, le mécanisme de ces opérations, les valeurs créées sont des
valeurs de circulation, des effets de finances Finanzwechsel. Raffalovich,
Le marché financier en 1897-98, p. 253.

leur part. Il n'est pas rare que les banquiers d'un pays, spé-
culant sur les différences de change, tirent sur des banquiers
d'un autre pays de véritables traites en l'air ou des valeurs
de circulation ; cela se produit quand un pays est abon-
damment pourvu de capitaux tandis que l'argent est rare
dans un autre (1).

Enfin s'il existe une circulation d'effets entre commerçants de pays différents, elle augmentera le chiffre apparent des affaires entre ces pays, sans modifier le reliquat
en faveur de l'un d'eux, puisqu'il est à supposer que les
effets de chacun entreront en compte pour un montant égal.
Un pays ne s'acquitte envers un autre qu'en lui envoyant
des valeurs réelles (2).

L'importance des effets de complaisance est considérable.
Ils se révèlent surtout en temps de crise parce que la diminution de la confiance par suite d'une extension trop large
et trop rapide du crédit, entraîne une diminution dans les
capitaux disponibles, et que la rareté de l'argent amène des
commerçants ou industriels chancelants à chercher à s'unir
contre une période de discrédit : on ne peut nier que des
rapports économiques défavorables puissent imposer la fabrication d'effets (3). Il est parfaitement vrai, comme le dit
M. Thaller, « qu'il y a des époques, qu'il y a des centres
d'affaires, dans lesquels ces effets exercent des ravages par-
ticulièrement graves ; qu'on les voit se répandre de

---

1. Thaller, *Diction du com. et de l'ind. de Guyot et Raffalovich*, v.
Effet de complaisance.

2. J. B. Say, *Econ. polit.*, 6ᵉ éd., Guillaumin, 1841, p. 301.

3. En cas de besoin, toutes les sources de crédit sont mises à contribution,
même celles qui seraient d'une nature peu honnête.

proche en proche, comme par épidémie » (1). Ils ont même causé des crises commerciales, en raison d'un brusque arrêt du mouvement industriel, déterminé par la surproduction, et d'une réduction du crédit amenant une défiance générale (2).

§ 2. — Au point de vue juridique.

Les textes. — Aucun texte ne prohibe expressément les effets de complaisance ; et si l'art. 5 de la loi du 24 germinal an XI semblait les réprouver, en défendant à la Banque de France d'escompter « les effets dits de circulation, créés collusoirement entre les signataires, sans cause ni valeur réelle », le Code de commerce de 1807 dans l'art. 586, 4° ne condamnait, comme banqueroutier simple, le commerçant failli qui s'en était servi, que « lorsqu'il avait donné des signatures de crédit ou de circulation pour une somme triple de son actif, selon le dernier inventaire ».

N'était-ce pas reconnaître implicitement la validité des effets de complaisance, que venait confirmer l'art. 116, en permettant d'accepter une traite avant même d'en avoir reçu provision ? et comme on calculait la limite fixée, non sur l'actif net, mais sur la totalité de l'avoir du failli, il y avait là un vaste champ librement ouvert à la circulation des valeurs de complaisance (3). La loi du 28 mai 1838

1. Note de M. Thaller, D. 97. 2. 385.

2. V. les cas cités par Bauer, p. 20 ; Macleod, *Banking*, t. I, p. 364, et s. Courcelle-Seneuil, 8ᵉ éd., p. 192 ; Raffalovich, l. c. p. 63.

3. Renouard, *T. des faillites et banqueroutes*, 2ᵉ éd., 1844, t. II, p. 424 ; Bravard-Veyrières et Demangeat, *T. de droit commercial*, 2ᵉ éd., 1892,

abrogea cette limitation et laissa l'appréciation des faits à
la sagacité du juge, en se bornant à préciser les conditions
essentielles dont on entendait faire dépendre la banqueroute.
Il faut, pour qu'il y ait banqueroute simple, que la circulation d'effets ait été déterminée par l'intention de retarder
la faillite, et qu'elle ait constitué un moyen ruineux de se
procurer des fonds (art. 585-3°). On pourrait en conclure
que tout acte punissable étant illicite, la convention qui a
pour but de le réaliser a une cause illicite, et comme telle
est nulle conformément à l'art. 1131, C. c., l'opération qui
comporte une peine devant, *a fortiori*, être dépourvue de
toute sanction civile. Mais cela n'est vrai que pour un
commerçant failli ou en état de liquidation judiciaire, et
dans la mesure où l'émission est répréhensible ; la circulation ne sera donc pas illicite s'il n'y a pas un « moyen ruineux » (1), par exemple, si, jouissant encore d'un crédit
apparent, le tireur a obtenu des effets de tiers qui ignoraient
sa vraie situation, et a pu satisfaire à des engagements antérieurs avec le produit de l'escompte. Il y aurait là tout
au moins une justification partielle : aussi est-il impossible
de fonder sur ce seul article la nullité du tirage de complaisance comme étant illicite (2).

t. VI, p. 39 ; note de M. Meynial, S. 91. 2. 89. sous Paris 16 nov. 1888 et
note D. 89. 2. 253.

1. C'est le mot « ruineux qui régit la phrase », et fait sentir toute la portée de l'article (Duvergier, Lois 1838, p. 413 note).

2. Dramard, n° 19 ; M. Meynial, S. 91. 2. 89, *Répert. alphab. de droit
français*, v° banqueroute, n°s 154 et s. ; Lyon-Caen et Renault, t. VIII, n° 941.
On aurait parfois la ressource de trouver dans une traite de complaisance,
une *supposition de qualité* lorsqu'un individu se qualifie à tort de commerçant (et avant la loi du 7 juin 1894, une *supposition de lieu*, V. Heuse Belg.
judic. 1882, p. 513) mais ce serait insuffisant puisque l'effet vaudrait comme

La jurisprudence. — Pendant longtemps, la jurisprudence ne vit dans les effets de complaisance (surtout billets de complaisance) qu'un acte moralement reprochable, pouvant être nuisible au commerce, mais qui ne devenait illicite, partant nul, qu'au cas de collusion frauduleuse pour faire croire à l'existence d'un crédit imaginaire : elle s'appuyait sur l'art. 586, soutenant que leur caractère illicite résultait moins de l'émission elle-même que des circonstances qui l'ont accompagnée et des conséquences qui en sont résultées (1). Elle permettait à un tiers, d'aider un commerçant de son crédit, par le moyen d'effets souscrits par complaisance (2) et l'on a pu dire qu'à cette époque, les Cours et Tribunaux croyaient que l'émission des effets de complaisance, pouvait être enrayée par cette garantie, que l'on rappelle le négociant au respect de sa propre signature, en l'obligeant dans tous les cas à y faire honneur.

Puis, à la suite des progrès rapides que faisaient les va-

« simple promesse » (art. 112) et d'ailleurs, on considère l'art. 112 C. comme lettre morte. Thaller, *Traité*, 2e éd., n° 1389.

On pourrait dire qu'il y a une simulation, puisqu'en général, c'est celui qui cherche de l'argent qui s'attribue la qualité de créancier, et qu'alors même qu'il apparait comme débiteur, c'est lui qui bénéficiera de l'escompte de l'effet, mais la simulation ne peut par elle-même rendre une obligation inexistante, il faudrait par ex. : prouver qu'il n'existe aucune cause licite. Baudry et Barde, *Des obligations*, t. 1, n° 307 et 308. Dira-t-on que ce fait constitue une supposition de qualité ? Nous ne croyons pas que tel soit le sens du mot « qualité » dans l'art. 112, et en le supposant même, ce ne serait pas la nullité : les effets de complaisance crécraient un lien d'obligation.

1. Paris, 9 avril 1864, J. T. Com. 1865 p. 78 ; T. com., Dreux, 9 janvier 1868 et Paris 21 août 1868 J. T. com. 1869 p. 385.

2. Cass., 21 mars 1842, S. 42. 1. 383, D. 42. 1. 133. C'est un « acte d'obligeance ». Cass., 19 nov. 1844 S. 45. 1. 276 ; T. Com., Seine, 6 avril 1852, J. Trib. com. 1852, p. 142. Il peut y avoir imprudence de la part du souscripteur complaisant : T. Com. Seine, 19 mars 1856. J. T. com., 1856, p. 290.

leurs de complaisance, espérant entraver leur développement, la jurisprudence refusa toute action aux parties et en consacra la nullité absolue, la basant soit sur le défaut de cause, soit sur d'assez vagues considérations de moralité commerciale : on voulait mettre un frein à ces manœuvres qui, lors même qu'elles ne sont pas déloyales et tournent au profit de ceux qui s'en servent, ont néanmoins de grands inconvénients. Des arrêts décrétaient leur caractère immoral sans le démontrer, tant la nullité était devenue un axiome courant, dans les relations commerciales ! On invoquait la « règle tutélaire de l'absolue nullité des effets de complaisance ». Depuis quelques années, la jurisprudence semble s'être ressaisie et être entrée dans une autre voie qui pourrait bien n'être qu'un retour à sa première doctrine. Elle n'accepte plus cette nullité comme dogme de pratique intangible, et tout en montrant le but immoral des effets de complaisance, elle arrive à en justifier parfois l'usage, en les interprétant sous des formes diverses. De là est née une distinction entre les effets de complaisance, et quoiqu'il ne manque pas de gens pour lui crier que toute concession amènera des abus, elle semble appelée à persévérer dans la route où elle s'est engagée (1).

A défaut de disposition légale, c'est donc par les règles

1. « Attendu, dit le Tribunal de Calais dans un jugement du 15 février 1887, conf. sur appel, Douai 28 juin 1887, Juris. Douai 1887, p. 234, que si de telles manœuvres (celles qui ont pour but d'obtenir de l'argent au moyen d'effets de complaisance) sont à bon droit flétries par les tribunaux, on ne saurait en appliquer le caractère frauduleux d'une façon générale et sans distinction, sous peine de manquer aux principes de justice et d'équité ». Comp. parmi les jugements et arrêts les plus récents : Lyon, 30 mars 1897, D. 97. 2. 385 ; Douai, 7 avril 1898, J. Douai 98, p. 175 ; T. Com. Marseille, 23 nov. 1898, J. des Faill., 1899, p. 39.

générales de droit commun qu'on doit déterminer la valeur
juridique des effets de complaisance. Deux théories se présentent tout d'abord, dont l'une veut trouver la raison de
leur nullité dans l'absence de provision, et l'autre, dans le
défaut de cause. Une dernière opinion se fonde sur le principe général de l'art. 6 du Code civil qui domine toutes les
conventions, et annule l'effet de complaisance comme contraire à l'ordre public.

Première théorie. — **Absence de provision.** — C'est une
opinion généralement reçue dans le monde des banques,
que c'est la provision qui manque à une traite de complaisance. A quoi bon chercher la cause de la nullité dans
les principes du droit civil puisque les règles primordia-
les de la matière des lettres de change, suffisent à justifier
cette nullité ?

La provision est, dit-on, dans l'état actuel de notre droit,
une condition de validité de la lettre de change. Aucun
texte, il est vrai, ne l'exige formellement, mais beaucoup
la supposent et tous les auteurs sont unanimes à reconnaître qu'elle n'est que sous-entendue. Elle est nécessaire : une
lettre de change pour être régulière, doit être munie de
provision. — Il est vrai que celle-ci n'a pas besoin d'exister
au jour du tirage ; il suffit qu'elle existe à l'échéance de
l'effet. Jusque-là, non seulement le tireur n'est pas contraint à la constituer, mais, en supposant qu'elle existe, il
peut en disposer, à moins que le tiré n'y ait acquis des
droits et il faut pour cela, qu'ayant accepté, il s'oppose au
changement de destination de la dette, car le seul fait de
l'acceptation ne rend pas la provision indisponible (1).

1. Lyon-Caen et Renault, t. IV, n° 182 ; Thaller.

D'ailleurs,la théorie de l'acceptation repose sur l'existence de la provision dans les rapports du tiré et du tireur (1). L'acceptation engage par elle-même, d'une façon définitive et absolue, mais aussi, elle fait présumer que le tireur a une créance sur le tiré, ou au moins qu'il lui est possible d'en avoir une à l'échéance, à raison des relations d'affaires existant entre eux.

Or c'est cette provision qui inspire confiance, à tel point que « cette créance née ou à naître est comme le gage de la lettre de change ». Celle-ci n'a, dit-on, aucune valeur intrinsèque, elle est un moyen de crédit plus réel que personnel. On en prend à témoin le développement des traites documentaires. On invoque la théorie jurisprudentielle sur la propriété de la provision. C'est parce qu'on présume qu'il y a une provision que l'effet peut circuler.

Puisque la provision est une condition fondamentale de la lettre de change, son absence en entraîne la nullité, et, comme dans la traite de complaisance, il n'y a pas de provision, elle est donc nulle.

En effet, *en quoi consiste la provision ?* Elle résulte la plupart du temps d'une vente de marchandises. Le vendeur tire une lettre de change du montant du prix des marchandises, sur son acheteur. Peut-être la vente n'est-elle pas encore conclue,mais elle semble certaine.Ou bien le tiré est un commissionnaire,un préposé qui n'a actuellement rien vendu et à qui des marchandises ont été envoyées; les valeurs,dont ce mandataire doit compte en vertu de son mandat, sont affectées aux traites comme provision (2). Le crédit fondé

---

1. V. cependant Cass. Req. 8 fév. 1892, D. 94. 1. 439; Pand. fr,93. 1. 62
2. Des traites sont munies de provision et sont le signe de véritables opérations commerciales quand le tiré est un mandataire que le tireur a chargé

sur la traite se justifie alors pleinement : lorsque le tireur va escompter l'effet, à sa dette vis-à-vis de l'escompteur correspond une créance contre le tiré.

La provision peut consister en effets de commerce, en valeurs que le tireur remet au tiré et que ce dernier recouvrera (1). Elle existe suffisamment dans un prêt, un cautionnement, dans une ouverture de crédit consentie par le tiré au tireur (2) : ce sont autant d'opérations commerciales. Dans ce dernier cas, il y a toutefois ceci de particulier que le tiré paiera sans avoir reçu aucune valeur pour subvenir au paiement, mais c'est assez qu'il se soit engagé à tenir les fonds à la disposition du tireur ou à les porter au débit de son compte. Ce n'est, somme toute, qu'un prêt ou une promesse ferme de prêt. La lettre de change n'est que

de vendre des marchandises qu'il lui envoie et d'en affecter le prix à l'acquittement des effets mis en circulation, alors surtout que le tiré se trouve, à chaque échéance, débiteur vis-à-vis du tireur d'une somme supérieure au montant des effets émis. Le fait de se procurer ainsi de l'argent est courant dans la vie commerciale. Il n'a rien d'illicite et il a même l'avantage d'éviter les frais qu'entraînerait la mise en gage des marchandises, comme si, par exemple, on les déposait dans un magasin général. Cependant la C. de Cass. Ch. crim., 14 mai 1886, J. Faill., 86, p. 261, a voulu y voir des valeurs de complaisance.

Mais il n'en est plus de même, quand il n'y a eu qu'un dépôt de marchandises fait par le tireur ou bénéficiaire au profit du complaisant pour lui garantir le remboursement d'un effet qu'il a souscrit. Le cas est fréquent chez les petits commerçants. C'est la remise des marchandises qui décide le complaisant à signer. Il n'y a pas consignation ; y a-t-il mise en gage ? Le billet ou la traite constitue un effet donné par complaisance, et le souscripteur n'a guère qu'un droit de rétention sur ce qui lui a été remis, à moins qu'on ne lui reconnaisse les droits du créancier gagiste.

1. C'est un client qui envoie à son banquier un effet à recevoir et dispose sur lui d'une somme du même montant, parce qu'il veut un papier facilement banquable.

2. Boistel, n° 771 ; contra Dramard, n°s 38 et s.

le moyen de le réaliser, et il importe peu que des sûretés ou garanties accessoires aient été accordées au prêteur ou que l'ouverture de crédit ait eu lieu absolument à découvert.

Il y a alors une provision qui répond aux termes de l'article 116 C. com. Il est dans l'intention du tiré d'en faire les fonds. — Il est certain que le porteur est plus en sécurité quand la provision résulte d'une vente de marchandises, la faillite du tireur avant l'acceptation du tiré qui fera cesser l'ouverture de crédit, n'aura aucune influence sur le droit du porteur à la provision du tiré (art. 149). Mais dès l'instant où le prêt est réel, où le cautionnement et l'ouverture de crédit sont sérieux, quelles qu'en puissent être les suites, la lettre de change est valable et régulière. — En est-il de même dans l'effet de complaisance ? Peut-on dire qu'il y ait une opération commerciale ? Certainement non, et il n'y a pas de provision (1).

En vérité, il y a bien un semblant de provision qui se révèle dans les effets de complaisance, mais ce n'est pas une vraie et sincère provision. A l'échéance, le tiré n'est pas redevable au tireur d'une somme égale au montant de la lettre de change. On ne peut pas considérer comme une réelle provision l'envoi, à l'échéance par le tireur au tiré, de fonds qui n'ont été obtenus que par un renouvellement effectué peu de temps avant l'échéance. Peut-on dire qu'il

---

1. Du défaut de provision, on pourrait conclure soit, comme nous le verrons, au défaut de cause, soit au caractère illicite de la cause, puisque c'est tromper les tiers que tirer une traite quand on se sait dans l'impossibilité de faire provision ; aucune de ces solutions n'est satisfaisante. Dramard, nos 28 et s. ; Dalloz, *Rép. Supp.*, vo Eff. de commerce, no 423.

y ait provision quand le tireur complaisant ou complice
fait escompter l'effet, et en remet les fonds au tiré? Aucune
opération commerciale ne correspond à ces émissions qui
ne sont employées que pour se procurer de l'argent. Le tiré
n'a accepté qu'à la condition de ne pas payer, n'est-ce pas
contradictoire? Il n'y a aucune base, aucun support à cette
opération, elle est purement fictive. En admettre la validité, ce serait rayer du Code de commerce les articles 115
et suivants.

*La provision n'est pas nécessaire pour expliquer la nul-
lité de l'effet de complaisance.* La notion de provision se
très large, le droit exclusif reconnu au porteur sur la provision n'a pas toute la valeur qu'on lui attribue, et souvent
ce droit de propriété du porteur n'aura pas plus matière à
s'exercer pour l'effet réel que pour l'effet de complaisance.
D'autre part, la provision n'est pas de l'essence de la lettre
de change ; qu'on la suppose abolie, qu'adviendrait-il des
effets de complaisance? Enfin, en admettant qu'elle soit
nécessaire, la théorie de la provision ne serait pas suffisante
pour annuler ces effets.

I. Lors de la rédaction du Code de commerce de 1807, la
lettre de change était intimement liée au contrat de change
dont elle n'était que l'expression. Elle servait avant tout,
comme moyen d'éviter le transport des monnaies, comme
instrument de circulation et de paiement. On disait qu'une
lettre de change ne pouvait se passer de provision et la
provision résultait toujours d'une vente de marchandises.
Mais ce caractère primitif s'est effacé. Le chèque, mis en
faveur par la pratique des dépôts en banque, est venu la
remplacer pour cet usage. Elle est devenue un merveilleux

instrument de circulation et de crédit mis aux mains des commerçants. Le nombre des billets à ordre, d'abord fort employés, a diminué avec l'emploi plus fréquent de la traite. C'est qu'il y a dans celle-ci plus de souplesse et qu'elle s'accommode à plus de situations. Elle est en somme, une véritable *monnaie de papier*, l'un des éléments essentiels du crédit commercial. Il faut reconnaître que la loi du 7 juin 1894 qui a modifié les articles 110, 112 et 632 du Code commerce, en supprimant la nécessité de la remise de place en place, a nettement dégagé la lettre de change du contrat de change (1). Sans dire que cette suppression qui s'imposait parce qu'elle était une entrave apportée au développement du crédit ait totalement modifié le système de notre droit de change (2), on doit avouer qu'elle a grandement influé sur la théorie de la provision. Nous sommes loin de la conception complexe de 1807. En suivant une évolution naturelle, la lettre de change s'est simplifiée. Elle tend de plus en plus, à devenir un acte abstrait.

La provision est la cause en vertu de laquelle le tiré contracte l'obligation d'accepter la lettre de change et de la payer, parce qu'à l'échéance, il se trouvera redevable au tireur ou à celui pour le compte de qui elle est tirée, d'une valeur au moins égale au montant de la lettre de change. Elle existe dans des traites acceptées « par complaisance », comme dans les valeurs de circulation : elle est constituée

1. V. ce que nous avons dit de la supposition de lieu dans l'effet de complaisance, p. 35 en note ; Dramard, n° 33.

2. Garsonnet, Rev. crit. 1869, t. XXXIII, p. 39. D'après cet auteur la suppression de la *distancia loci* aurait dû faire disparaître tout entier le contrat de change et passer dans notre droit, le système allemand. Or ce système n'exige aucune provision.

alors par une ouverture de crédit de même qu'en d'autres cas, elle l'est par une vente, un prêt, un cautionnement.

La provision est une garantie du paiement. Elle est la garantie du tiré, mais elle n'est pas indifférente au porteur. Il est vrai que celui-ci est moins intéressé à la garantie effective que lui procure la propriété de la provision qu'à la garantie morale du rapport d'affaires entre tireur et tiré, et à la garantie que cette provision décidera le tiré à accepter et à payer. C'est surtout au cas de négligence de sa part, qu'il importe au porteur, de savoir s'il y a une provision, puisqu'il n'aura de recours contre le tireur que si celui-ci n'a pas fait de provision (art. 170, C. com.). Hors de là, le porteur ne peut s'enquérir ni si la provision existe, ni en quelles valeurs elle a été fournie, et quand les parties se trouvent en faillite, on sait à quoi se réduit souvent le droit de propriété du porteur sur la provision. Quant à la jurisprudence de la Cour de cassation qui donne au porteur sur la provision un droit de propriété, elle n'est pas si solide, ni surtout si absolue qu'on le croit généralement.

Ce n'est pas à dire qu'en législation il faille abolir toute idée de provision. Bien qu'elle ne soit pas une condition indispensable, elle peut être fort utile. Elle est juste quand on ne veut y voir qu'une opération commerciale répondant aux règles ordinaires des obligations, et la théorie des droits du porteur sur la provision se comprend et s'applique parfaitement à la lettre de change quand elle est comme munie d'une affectation spéciale, de marchandises par exemple : c'est un cas possible, c'est le cas ordinaire, mais ce n'est pas le seul. On pourrait seulement dire que ce n'est qu'une question accessoire au droit de change, puisque c'est une question de préférence (1). Au contraire, prise dans sa généralité, cette théorie des droits du porteur ne correspond pas à la réalité, et l'on s'aperçoit que ce droit exclusif qui est reconnu au porteur, n'a pas tout l'intérêt qu'on lui prête (2).

II. Croit-on le commerce mieux protégé par cette apparence de sûreté qu'on prétend résider dans la provision? Elle n'a pas arrêté la diffusion des effets de complaisance, elle n'a pas empêché la création éhontée de ces fameuses « Banques d'échange ». C'est ce qu'on a très bien fait ressortir, lorsqu'au *Congrès international de droit commercial de Bruxelles, en 1888*, la question de la provision vint à se présenter. On invoquait en faveur de son maintien, la crainte de voir les effets de complaisance se multiplier et menacer de ruine les entreprises commerciales ; on répondit avec raison que malgré l'existence de la provision, ces effets sont nombreux en France et en Belgique, que le privilège reconnu au porteur sur la provision par la jurisprudence française, n'a pas entravé leur négociation, et qu'ils ne sont pas d'un emploi plus fréquent dans des pays qui ont rayé de leur législation sur le change, la condition d'une provision (3). L'extension prise par les effets de com-

1. On a même dit que cette question devrait être étudiée dans la loi sur les faillites, v. Actes du Congrès de Bruxelles de 1888, p. 469 ; Von Canstein, *Check, Wechsel und deren Deckung*, 1890, p. 177 et s. (in Archiv. für bürger Recht, 1890, p. 203) souhaite de voir s'introduire dans la loi allemande sur le change, une disposition au sujet de la provision au cas d'assignation ou d'affectation spéciale.

2. Comp. Garsonnet, l. c., p. 176 : les règles relatives à la provision sont étrangères à la lettre de change, et indifférentes au porteur.

3. Actes du congrès de droit international de Bruxelles de 1888 ; Ch. Constant, France judi. 1889. 1. 19. *Le Congrès Intern. de d. com.* — Comp. Belg. judi. 1888, p. 1336 et 1362 ; César Norsa, *Sur le projet de loi uni-*

plaisance tient uniquement au mouvement des affaires : elle n'est souvent que la preuve des mauvaises affaires et l'exigence de la provision est impuissante à empêcher cette circulation d'effets sans valeur.

Dans la pratique d'ailleurs, la provision n'a pas toute l'importance que les banquiers et certains commerçants veulent lui attribuer. Le commerçant qui reçoit une traite, s'inquiète-t-il tant de savoir s'il y a provision ou non ? Toute la question pour lui, c'est d'être payé, et ce dont il se préoccupe avant toute chose, c'est de regarder les signatures. Il ne se demande pas si l'effet est de nature à supposer une affaire réelle, il lui suffit que les signatures soient bonnes ; il cherche moins à favoriser le commerce qu'à éviter une perte. De même chez les banquiers, les crédits par escompte sont des crédits personnels. On ne suppose plus que « chaque affaire sert de gage au papier, à la création duquel elle donne lieu, sous la garantie subsidiaire de ceux qui y ont participé » (1) ; la fortune personnelle des négociants est et doit être considérée comme la garantie principale des engagements résultant des affaires qu'ils font, et on se préoccupera plus du courant des affaires entre les parties que de l'affaire même qui sert de cause à l'effet.

forme en matière de lettres de change, p. 83, et s. ; F. Daquin, Bull. de la Société de Légis. comp., t. XV, p. 611. D'après Wilson, The law Quarterly Review, 1886. 2. 306, si la question de provision a subsisté dans la rédaction du projet de loi uniforme, c'est parce que les Français et les Belges étaient en nombre supérieur. *Adde,* une très intéressante étude de Von Canstein, *Check, Wechsel und deren Deckung,* 1890, p. 96 et s. L'auteur y critique la provision et justifie le droit de change allemand du reproche qu'on lui a fait de favoriser les effets de complaisance. — Actes du Congrès de droit international d'Anvers de 1885.

1. Contrà, Courcelle-Seneuil, p. 101 ; Leroy-Beaulieu, t. III, p. 444.

C'est qu'on s'exagère beaucoup le rôle de la provision : on considère trop généralement que l'effet régulier accorde une sûreté additionnelle. Parfois, il est vrai, en cas de vente de marchandises, le porteur pourra prétendre à un droit exclusif sur ces marchandises, nous l'avons vu (1) ; mais qu'elle garantie aura-t-il quand il ne peut invoquer qu'un droit de créance, dans le cas notamment de faillite du tiré (2)? Pris à la lettre, ce caractère réel signifierait que la quantité de crédit procuré par les traites ne peut pas dépasser le montant des marchandises achetées ; or, rien n'est plus faux. Toujours, dans le cours normal des affaires, la quantité de crédit excède la quantité de capital prêté. Supposons une lettre de change qui prend sa source dans une vente de marchandises ; que vaudra-t-elle plus qu'une simple créance, si les marchandises sont successivement revendues à plusieurs personnes, et si à chaque transfert, un nouvel effet est créé. Il y aura autant de traites tirées qu'il y aura eu de ventes successives. Admettons qu'il n'y ait eu, en tout, que trois ventes, donc trois transferts de marchandises. Trois effets ont été créés et le dernier porteur *seul*, pourra consacrer le produit des marchandises au paiement du dernier effet qui, *seul*, représente un capital actuellement existant ; il faudra donc que les autres soient payés d'une autre façon, on ne pourra pas invoquer pour eux l'idée de crédit réel. Ce fait que nous citons est d'expérience courante. Cette sûreté qu'on suppose résider dans les « effets réels » est donc souvent imagi-

---

1. La lettre de change est alors, pour ainsi dire, une lettre de gage (Pfandbrief).

2. Lyon-Caen et Renault, t. IV, n° 173.

naire : la vérité est qu'en matière de change, tout doit, en principe, reposer sur le crédit personnel. N'en est-il pas de même au cas de renouvellement de traites régulières, au cas de valeurs de circulation ? D'autre part, à quoi sert ce droit exclusif du porteur si le tiré qui a reçu des marchandises, en a dissipé le prix ou les a vendues à des insolvables ? Au point de vue du résultat quelle différence y aurait-il entre ces effets et les effets de complaisance (1) ?

III. Si l'on examine la nature de la lettre de change, tout ce qu'on peut dire, c'est qu'il est normal qu'il y ait provision, mais ce n'est pas essentiel Or on peut envisager la suppression de la provision puisque d'aucuns y voient le progrès vers lequel tend notre droit de change. En la supposant abolie, serions-nous désarmés en face des effets de complaisance ? Serions-nous obligés de consacrer leur légitimité, en n'ayant que la ressource trop précaire de l'art. 585, 3° ?

Il est justement des pays comme l'Allemagne, l'Angleterre et l'Italie, où la provision est réduite à la notion de cause entre le tireur et le tiré, et n'a aucun intérêt pour le porteur, où la lettre de change est un engagement pris par une personne envers le public, de payer ou faire payer une somme d'argent à une époque déterminée. C'est un acte qui se suffit à lui même, qui renferme la preuve de sa validité, un acte qui vaut par lui-même. Les traites y circulent avec autant de facilité qu'en France (2), les effets de com-

---

1. Stuart Mill, l. III, ch. XI, § 4 ; Macleod, *Principles*, p. 585.

2. On rapporte que les banquiers anglais ne distinguent pas entre les traites payables en Angleterre et celles payables en Ecosse, bien que la provision existe en Ecosse sans exister en Angleterre ; Ch. Constant, Fr. Judic.

plaisance n'y sont pas plus nombreux et ne sont pas nécessairement validés.

IV. Mais la jurisprudence et la doctrine admettent encore dans son ensemble, la théorie, si savamment construite, de la provision. En fait et en droit, son importance, à vrai dire, a beaucoup diminué, quoique la pratique toujours routinière en conserve une notion restreinte qui est loin de correspondre à la vérité et d'être en rapport avec les nécessités actuelles. Même envisagée de cette façon, la provision ne serait pas satisfaisante pour prononcer la nullité des effets de complaisance.

Certes, il n'y a d'ordinaire pas de vraie et sérieuse provision dans les effets de complaisance, mais l'analyse des rapports du tireur et du tiré doit être plus profonde. L'effet de complaisance repose sur une convention intervenue entre eux, et avant de savoir ce que vaut l'effet qui en est sorti, il importe de chercher ce que vaut cette convention, puisque c'est elle qui donne à l'effet son vrai caractère. Or, elle est nulle, parce qu'elle est contraire à l'ordre public. nous le montrerons. Rien de valable ne peut en sortir et les effets qui en proviennent ne peuvent donc qu'être nuls eux aussi (1).

En admettant que le défaut de provision rendent nulle la traite de complaisance, celle-ci n'est nulle qu'en tant que

1889. 1. 9 ; Comp. Von Canstein, *l. c.*, p. 99 et s. qui montre que la théorie allemande est souvent aussi favorable au porteur que la théorie française, et quelquefois plus. *Adde*, Von Canstein, *Lehrbuch des Wechselrechts*, 1890, p. 422.

1. En supposant qu'un effet de complaisance se trouve avoir à l'échéance une provision totale ou partielle, il n'en resterait pas moins nul. Comp. Douai, 10 juill. 1895, Jur. Douai, 95, p. 152.

lettre de change. La nullité est absolue à ce point de vue, supposons-le. Mais ce titre signé du nom de deux personnes, ne pourrait-on pas dire qu'il vaudra comme billet à ordre, les conditions de l'art. 188 étant remplies ? Il s'agirait alors de savoir s'il est réellement valable comme billet de complaisance. En l'annulant, à ce dernier titre, pour défaut de cause, on aurait été obligé de passer par deux étapes successives pour en arriver à enlever tout effet à la lettre de change de complaisance.

Il resterait à démontrer que l'absence de provision entraîne inévitablement la nullité de la lettre de change. Le prouverait-on que cette règle serait certainement trop large : elle dépasserait le domaine des effets de complaisance, et ne permettrait pas de distinguer les traites de complaisance des autres traites sans provision. C'est qu'en effet, *les traites de complaisance ne sont pas les seules traites sans provision*. Quelles conséquences d'ailleurs produiraient entre les parties de semblables lettres de change, si c'était bien le défaut de provision qui fut la cause de leur nullité (1)?

Enfin, la provision étant une théorie restreinte à la matière des lettres de change, elle n'a que faire au cas de souscription d'un billet à ordre, et comme il faut aussi empêcher la pratique des billets de complaisance, on devra recourir à un nouveau principe pour en fonder la nullité. La nullité résultera du défaut de cause (art. 1131 C. c.). Il n'y aurait donc pas identité du vice affectant les effets de complaisance, à moins que de l'absence de provision, on en vienne à conclure au défaut de cause.

---

1. Le seul fait de l'absence de provision permettrait notamment au tiré complaisant d'exercer un recours fondé sur la *condictio indebiti* pour réclamer ce qu'il a dû débourser.

Deuxième théorie. — **Défaut de cause.** — L'effet de complaisance est dépourvu de cause. Dans la lettre de change, l'acceptation du tiré ne repose sur rien ; dans le billet à ordre qui est l'expression objective d'une cause antérieure, il n'y a, au cas de complaisance, aucune cause. On dit que le souscripteur s'engage à la condition de ne point payer. Il s'oblige envers le bénéficiaire, sans lui rien devoir, sans avoir rien reçu de lui et sans avoir d'intention libérale. Quoiqu'elle soit indiquée, la valeur fournie n'existe pas. Il n'y a pas de dette qui soit l'origine de l'effet. De même pour l'endossement de complaisance. C'est le principe de l'art. 1131 qui doit s'appliquer (1).

Mais qu'est-ce que la cause d'un effet de commerce, d'un billet à ordre par exemple ? La cause, c'est l'équivalent juridique immédiat en vue duquel une obligation est prise. Le billet de complaisance est-il sans cause ? La notion de cause est si délicate qu'on devrait craindre de l'invoquer. Demolombe disait qu'on ne pouvait concevoir une obligation sans cause, on a montré depuis, et de différentes façons, l'inutilité de l'idée de cause comme condition essentielle de l'existence d'une convention (2). La cause, c'est en somme ce que les parties ont entendu verser dans le contrat. Et le billet de complaisance aura une cause : à l'obligation du souscripteur correspond pour le bénéficiaire qui a profité de l'escompte, l'obligation de payer l'effet. L'obligation du complaisant bien qu'éventuelle n'en existe pas

1. Dramard, n° 12 ; Dalloz, *Rép. Suppl.*, v° Eff. de commerce, n° 423 ; Bufnoir, *Propriété et contrat*, p. 537 ; Bordeaux, 6 mars 1868, sous Cass., 17 janv. 1870, S. 70. 1. 217 ; D. 70. 1. 102.

2. Demolombe, *Contrats*, t. I, n° 337 ; — V. les auteurs cités dans Baudry et Barde, *Obligations*, t. I, n° 321. *Adde*, Bufnoir, p. 529.

moins, il est obligé au paiement vis-à-vis des tiers ; en
réalité, on pourrait dire qu'il garantit le remboursement de
l'effet. D'ailleurs, ne pourrait-on pas prétendre, au cas de
circulation de complaisance, que les billets de l'une des
parties ont une cause qui est la souscription de billets par
l'autre partie, et on a vu des arrêts exprimer cet idée (1).
S'il y a une cause, doit-on cependant prétendre que ces
billets produiront leurs effets ordinaires ?

Troisième théorie. — **L'effet de complaisance est contraire à l'ordre public.** — Les effets de complaisance sont
nuls parce qu'ils reposent sur une convention revêtant un
caractère contraire à l'ordre public. En vertu de cette convention des effets simulant des opérations commerciales
entre les parties seront créés et présentés à l'escompte pour
obtenir de l'argent, et le tiré ou souscripteur n'en fera pas
les fonds mais en recevra le montant à l'aide du renouvellement des effets.

La nullité est donc basée sur l'art. 6 du Code civil. Le
fait du tirage de complaisance pourrait être valable en lui-
même, la convention expresse ou tacite qui le précède ou
l'accompagne ne l'est pas, l'ensemble de l'opération est
illicite.

A. Les opérations que supposent les effets de complaisance, non seulement n'existent pas, mais elles servent
à dissimuler aux yeux des tiers la situation désespérée
de celui ou de ceux qui en profitent et à retarder leur
faillite. Il y a, en droit commercial, un sentiment de mora-

1. Paris, 24 janvier, 21 août et 5 décembre 1868, J. Trib. Com. 1869,
p. 4), 385 et 467.

lité plus étroit que partout ailleurs, par cela même que la bonne foi et l'honnêteté s'y imposent plus fortement. Ce sentiment se refuse à admettre qu'on puisse se procurer de l'argent en trompant d'autres personnes. « Le commerce ne vit que de crédit, c'est-à-dire que de confiance et de probité ». Il est immoral qu'un individu obtienne des fonds en faisant croire à des opérations commerciales qui n'existent pas ; immoral aussi qu'une entente frauduleuse entre commerçants obérés, leur permette de battre monnaie avec un crédit supposé et de porter préjudice aux tiers par des renouvellements sans fin qui persuadent l'existence de nouvelles entreprises (1).

Mais le but immoral de la création et de la négociation des effets de complaisance se ramène à ce caractère qu'ils ont, d'être contraires à l'ordre public.

B L'ordre public, c'est ici ce qui intéresse plus le crédit général que le crédit particulier (2) et celui qui se livre à une circulation d'effets de complaisance met en péril, le crédit général (3). Il est nécessaire au commerce qu'on ne puisse se procurer de l'argent au moyen d'effets, alors qu'aucun crédit ne peut en justifier le tirage ou la souscription, c'est-à-dire alors que personne ne voudrait accorder crédit si des effets n'étaient présentés qui font croire à une existence commerciale sérieuse. Il faut que le crédit suive un cours régulier, que son développement corresponde à

1. *A fortiori* quand on a recours à des banques d'échange.

2. L'ordre public est une notion naturellement vague et fuyante qu'il est prudent de ne pas définir d'une façon générale et qu'il vaut mieux expliquer pour chaque cas spécial.

3. Ce n'est pas seulement un individu, c'est le public qui est trompé.

l'extension des affaires. Si un excès de production, un manque de monnaie amène une période de crise, ou tout au moins un arrêt subit dans le commerce, le crédit s'en ressentira et il ne se maintiendra que s'il n'y a pas de fausses affaires, pas de papier fictif. Tout prêt, toute avance consentie même indirectement constitue du crédit ; toute convention qui repose sur un concert frauduleux nuit au crédit, et telle est bien la convention aux termes de laquelle les fonds des effets créés ne seront faits à l'échéance que grâce à des renouvellements. On peut user de son crédit comme du crédit d'un autre s'il y consent : on ne trompe personne si ce crédit est réel et non purement apparent. On peut venir en aide à un négociant par le moyen d'effets de commerce ; mais des commerçants ne peuvent pas s'entr'aider en se souscrivant des effets de commerce (1).

En un mot, la loi qui permet aux commerçants de se procurer des ressources en rapport avec leur crédit normal, ne peut tolérer que des individus se procurent un crédit imaginaire par leurs agissements (2) et trompent les tiers en leur laissant croire à des opérations sérieuses. L'ordre public est intéressé à la conservation du crédit commercial, à la moralité et à la probité dans les affaires (3). L'ordre public est donc atteint, la nullité absolue en résul-

---

1. V. la note sous Cass., 1er août 1876, S. 76.1.457.

2. Ces agissements comprennent le tirage des effets et leur renouvellement.

3. On peut dire qu'il y a en droit commercial, une notion d'ordre public plus étroite puisque les principes de probité y sont plus sévères et que tel acte qui ne serait que faute légère, en droit commun, sera tenu pour faute grave, voire délit en matière commerciale.

tera pour la convention intervenue entre les parties et pour les effets qui en sont nés (1).

Il y a là un criterium certain qui nous permettra de reconnaître l'effet de complaisance. Appliquons-le aux divers cas dans lesquels on a cru qu'il était susceptible de se manifester.

I. Un *effet de complaisance* est un effet de commerce dont le tirage ne, reposant sur aucune opération commerciale, sert à procurer de l'argent, grâce à l'escompte, pour cacher une situation mauvaise ou retarder une faillite. Il est tiré ou souscrit avec la certitude que le paiement n'en sera pas effectué ou ne le sera qu'au moyen d'un renouvellement.

Le principe de la nullité que nous avons posé s'applique au billet à ordre comme à la lettre de change et à l'endossement de complaisance. Il s'accorde parfaitement avec la nature du billet à ordre qui ne vaut que par la solvabilité personnelle des parties, et qui témoigne simplement du crédit dont jouit le bénéficiaire vis-à-vis du souscripteur ; et au cas de billet de complaisance, le crédit n'est que fictif et de nature à fausser les rapports avec les tiers. Il ne s'adapte pas moins à la lettre de change quand on la considère en tant qu'instrument de crédit.

1. Dès longtemps la jurisprudence a reconnu que les effets de complaisance allaient à l'encontre de l'ordre public. Paris, 26 juin 1857, J. Trib. Com. 1857, p. 190 ; Paris, 24 janv. 1868, J. Trib. Com. 69, p. 40. Parmi les arrêts récents, Bordeaux, 2 juin 1896, D. 96.2.406 ; C. sup. de just. de Luxembourg, 17 déc. 1897 S. 98.4.20. T. Corr. Seine, 21 mars 1899, Gaz. Trib. du 5 mai, T. Com. Nantes, 19 avril 1899, J. des Faill. 99 p. 378 ; Dramard, n° 13 ; Thaller, D. 97.1.387 ; Ruben de Couder, *Suppl. au Dict. de d. ind. et com.* v° Lettre de change n°s 24 et s.

Quant aux effets résultant d'actes de complaisance, quant aux effets de circulation, du moins, en principe ils ne sont pas touchés par cette nullité.

II. *Faits de complaisance.* — C'est un parent, un créancier ou un correspondant qui donne sa signature pour favoriser le commerce du bénéficiaire de l'effet. Il n'y a en cela rien qui nuise au crédit général, sans quoi ce serait défendre d'aider un commerçant gêné, ce serait causer des ruines plus nombreuses. On comprend, au contraire, que l'esprit de solidarité qu'expliquent un lien du sang ou des rapports d'amitié, que de longues et bonnes relations d'affaires poussent une personne à mettre son crédit à la disposition d'un commerçant qu'elle veut sauver.

S'agit-il d'un billet à ordre, il ne fait que constater l'exécution d'une obligation, et une obligation n'est pas nécessairement prise dant un intérêt de lucre. Sans qu'il y ait donation, il peut y avoir dans un billet un engagement éventuel contracté pour rendre service au bénéficiaire. Le souscripteur complaisant paiera si le bénéficiaire ne paie pas ou devient insolvable. Il n'a rien reçu, c'est vrai, mais il s'est obligé afin qu'un autre reçoive. On pourrait d'ailleurs considérer qu'il n'y a de sa part, qu'un cautionnement que réalise le billet (1).

S'il s'agit d'une lettre de change, on peut interpréter l'acceptation comme une promesse de prêt ou une ouverture de crédit volontaire, intentionnelle, pour l'époque de

1. Dijon, 13 janvier 1896 et implicit. Cass. Req. 10 janv. 1898, D. 99.1.197. Un arrêt de Bruxelles du 2 nov. 1860 dit que le billet de complaisance est un mandat donné par le tiré au tireur pour soutenir le crédit de celui-ci. (Juris., Anvers, 60.2.47).

l'échéance et se produisant *ipso facto*, indépendamment de toute convention expresse. Il n'y a qu'une simple simulation si les traites portent la mention « valeur en marchandises » ; le seul résultat en sera de donner aux traites, une cause apparente autre que la cause réelle. On fera produire à la volonté des parties son plein effet. La provision existe et le tiré s'engage à faire les fonds nécessaires au paiement. « Il n'est pas nécessaire, disait Jousse (1), que celui sur qui la lettre de change est tirée, soit débiteur de celui qui la tire pour pouvoir accepter; on peut, pour faire plaisir au tireur, accepter par honneur, quoiqu'on ne lui doive rien. Il n'est pas même nécessaire que celui qui accepte ainsi, mette sur la lettre ces mots « par honneur » pour avoir son recours contre le tireur... » Cette acceptation par honneur, pour faire plaisir au tireur, n'est-elle pas un crédit qu'on lui accorde? Le tiré met son crédit à la disposition du tireur (2).

On a prétendu, il est vrai, que c'est entrer dans la voie des considérations d'espèces, « qu'on en arrive à ne se guider plus que par les inspirations trop souvent décevantes de l'équité, à se laisser influencer par des préoccupations de pur sentiment, toujours périlleuses, à s'affranchir enfin des règles supérieures du droit... », notamment du principe qu'un acte contraire à la morale et à la loi ne peut produire aucun effet juridique, et tel est le cas de l'effet de complaisance (3). Certes, nous ne reconnaissons aucune valeur à

1. Comment. de l'ordon. de 1673, t. V. art. 2, p. 244.
2. Boistel, *T. de D. com.*, n° 683.
3. Observations sous T. com. Marseille, 23 nov. 1898, J. des Faill. 99, p. 39.

un acte contraire à la morale et à la loi, mais on ne peut
rien trouver qui blesse la morale ou l'ordre public dans le
fait par une personne d'aider un commerçant. Il y a le
crédit réel du tiré à la base de l'effet ; la loyauté des
parties n'est pas douteuse (1). Pour que ce procédé devînt
illicite, un gain assuré au « complaisant » ne suffirait pas.
Il faudrait qu'il y ait eu chez les parties, l'intention de tromper les tiers, comme si le tiré n'a aucun crédit et n'a entendu être couvert qu'au moyen d'un renouvellement ou
s'il y a eu un échange de valeurs dans les mêmes conditions.

« La lettre de change, ajoute-t-on, ne peut servir à dissimuler un prêt, elle est le signe, et en quelque sorte, le gage
d'une activité commerciale sérieuse. C'est surprendre la
confiance des tiers que de mettre en circulation, comme
représentant une opération commerciale garantie par une
créance ou des marchandises, bien plus, comme lui trans-
férant la propriété de cette créance ou de cette marchandise,
un titre qui, au lieu d'indiquer que le tireur fait un négoce
fictueux, donne à supposer qu'il est gêné dans ses affaires
puisqu'il est obligé d'emprunter. » Mais un prêt est une des
opérations de la vie commerciale, et si le tireur est gêné,
les tiers ne peuvent prétendre être trompés puisqu'il s'est
trouvé quelqu'un pour le juger digne de confiance. Et
quelle différence avec les cas où l'effet de complaisance
est nul, et où le complaisant ne s'engage que pour la forme
et n'a jamais entendu payer. Ici le complaisant s'engage
réellement, il aura une créance contre le tireur, mais ce

---

1. Certains arrêts font ressortir cette idée de crédit. Douai, 7 avril 1898,
Jur. Douai. 98. p. 175.

dernier a la faculté de se libérer de tout recours en payant l'effet (1). Le complaisant a prévu le cas où il devrait payer, mais il espère que le relèvement des affaires du tireur lui permettra d'acquitter lui-même l'effet. La « complaisance » n'est pas de signer mais de payer. Le débiteur apparent, sur l'effet, est un vrai débiteur ; son acceptation n'est que l'exécution de son obligation comme prêteur (2).

De même en est-il quand une personne endosse un effet par complaisance, pour pouvoir escompter plus facilement l'effet (3). L'endossement est valable et réalise un cautionnement.

On parle des désastres que causent les effets de complaisance, mais qui pourrait savoir le nombre des commerçants que la « complaisance » d'un correspondant ou d'un créancier a sauvés ? Les effets qui prennent leur source dans un acte de complaisance ne sont qu'une nouvelle preuve de l'importance des effets de commerce comme instruments de crédit. En en précisant la nature nous en avons fixé les limites (4).

1. On pourrait soutenir que le rôle du complaisant est celui d'une caution, et que si le banquier escompteur le connaît, il y a là une sorte de *mandatum pecuniæ credendæ*.

2. Pourquoi, dira-t-on, ne pas lui prêter immédiatement de l'argent ? Mais il se peut que l'ami, le correspondant, le créancier n'ait pas de fonds disponibles et qu'il soit en droit de compter sur des rentrées pour le temps de l'échéance. Il se peut qu'il préfère employer ses capitaux dans son propre commerce au lieu de les immobiliser.

3. Parfois un endos en blanc donné par complaisance sera considéré comme un aval. Lyon-Caen et Renault, t. IV, n° 257. « Attendu, dit un arrêt de Dijon, 13 juillet 1896 précité, que rien ne s'oppose, dans les dispositions de la loi à ce qu'un cautionnement soit fourni par voie d'endossement d'un billet à ordre ou d'une lettre de change ».

4. La jurisprudence en offre de nombreux et récents exemples. Aux jugements et arrêts déjà cités, *adde*, Douai, 28 juin 1887, Jur. Douai. 87, p. 234 (con-

III. *Valeurs de circulation.* — Le criterium de la nullité des effets de complaisance, que nous avons posé, va nous permettre d'établir en quoi les valeurs de circulation en diffèrent. Nous savons ce qu'il faut entendre par valeurs de circulation. Rappelons simplement, que ces valeurs, représentant une ouverture de crédit ont pour fondement le principe du renouvellement qui en lui-même est pleinement licite, mais que ces renouvellements peuvent tomber sous le coup de la loi quand on en fait une habitude, quand on en abuse, quand ils n'ont pour but que de retarder une faillite.

Un négociant ouvre un crédit à un correspondant pour un temps limité. On convient que le contrat d'ouverture de crédit s'exécutera au moyen de tirages d'effets, au fur et à mesure des besoins du crédité, mais les parties stipulent à l'avance que le créditeur enverra à chaque échéance les fonds nécessaires pour acquitter les effets précédents qui seront renouvelés par de nouveaux effets du même montant, en y ajoutant les frais occasionnés. Deux procédés sont possibles (1), analysons-les.

1° C'est le crédité qui tire sur le créditeur jusqu'à concurrence du crédit ouvert. Le créditeur accepte les traites et en porte le montant au débit du compte du crédité. L'ouverture de crédit se trouve réalisée par le fait que le crédité obtient, au moyen de l'escompte, ce qui lui a été promis On objecte que le créditeur n'aura rien fourni, que c'est le banquier qui en réalité aura payé. Mais il faut bien supposer

sidérants); Lyon, 4 mai 1893, La Loi, 21 octobre 1893 ; Douai, 3 avril 1895, Jur. Douai, 95. p. 44, J. Faill., 97, p. 490 ; Comp. Cass., 21 mars 1842, D. 42. 1. 133.

1. Note de M. Thaller, D. 97. 2. 389 ; note de M. Pic, D. 98. 2. 522.

que l'ouverture de crédit est sérieuse et que le créditeur est solvable, et ce sera le crédit du tiré qui permettra au crédité de réaliser les fonds du crédit ouvert, de telle sorte qu'on ne pourra pas prétendre que le créditeur n'a pas fait obtenir au crédité la somme qu'il lui avait promise. Le crédité ne fait donc qu'user du crédit de son créditeur. La convention originaire d'ouverture de crédit constitue la provision des traites tirées, et il n'y a rien d'illicite puisque ce crédit est réel.

A l'expiration du terme de l'ouverture de crédit, le créditeur paiera les traites renouvelées si le crédité n'a pu surmonter la période difficile qu'il traversait. Si le tireur a rétabli sa situation, il peut acquitter lui-même les effets ou rembourser au tiré ce qu'il a dû payer aux porteurs de traites : le crédit du créditeur aura soutenu le crédité et l'aura remis à la tête de ses affaires. — Peut-être le crédité n'est-il pas tout à fait en mesure de payer, mais il le sera sous peu. Il demandera à s'acquitter de la même façon dont s'est réalisée son ouverture de crédit. Le créditeur devenu tireur tirerait des traites que le crédité accepterait et paierait à l'échéance; il recouvrerait ainsi son avance dès avant le terme fixé pour l'ouverture de crédit, en portant à l'escompte les effets chez son banquier.

Mais ce mode de se faire rembourser, ne pourrait-il pas être employé par le créditeur avant qu'il ait complètement exécuté l'ouverture de crédit? Après avoir accepté les traites tirées par le crédité sur lui, il va tirer des lettres de change renouvelables, sur ce crédité. En d'autres termes, il se rembourse des avances qu'il a consenties, en tirant sur le crédité des lettres de change à des échéances plus éloignées correspondant au terme fixé par l'ouverture de crédit. Le tirage de cette série de traites est-il valable ? N'est-ce pas escompter une dette qui n'est pas encore née ? La dette n'existe pas encore d'une manière définitive, mais le fait n'est pas rare, ni de nature à étonner en matière de lettres de change. C'est à l'échéance seulement qu'on s'inquiète de savoir s'il y a provision, et la provision dans notre hypothèse existera à ce moment. D'ailleurs, n'est-ce pas chose courante que d'escompter une traite sans dette actuelle, et munie de l'acceptation du tiré? Un commerçant tire une traite sur un correspondant qui l'accepte ; ils croient que des négociations d'affaires qui sont déjà en cours ou qui surviendront, établiront une créance en faveur du tireur contre l'accepteur. Puis, indépendamment de la volonté des parties, la créance n'existe pas. Le tireur n'a rien vendu au tiré par suite des circonstances éminemment mobiles qui influent sur le commerce et pour des motifs variables à l'infini, le plus souvent parce que le titre n'a besoin d'aucune fourniture à ce moment. Ou bien il y a eu vente, mais des difficultés se sont élevées, l'acheteur conteste la qualité, la quantité des marchandises, il se plaint de malfaçons et refuse d'en prendre livraison (1). C'est une dette non encore existante que le tireur a porté à l'escompte chez son banquier, mais les relations commerciales entre les parties étaient propres à faire supposer que le tireur deviendrait

---

1. Un cas analogue se présenterait dans l'hypothèse d'une ouverture de crédit, jusqu'à concurrence d'une certaine somme, jointe à un compte courant. Le crédité tire un effet de commerce en compte, sans savoir au moment du tirage, en faveur de qui sera le compte à l'échéance, et si son debet ne dépassera pas la somme fixée par l'ouverture de crédit.

créancier du tiré. Dans notre espèce, il y a plus, puisqu'on sait que la provision sera constituée à l'échéance.

2° Le créditeur tire directement des traites pour le montant de l'ouverture de crédit sur le crédité qui les accepte. Le créditeur les escompte chez son banquier et en remet la valeur au crédité, qui se trouve alors en possession de l'argent qui devait être mis à sa disposition en vertu de la convention d'ouverture de crédit. Pour le créditeur ces effets représentent la rentrée de ses avances. Ces traites sont renouvelées à chaque échéance, le créditeur envoyant au crédité les fonds pour payer les traites précédentes puis escomptant à son profit les traites nouvellement tracées. Toutes ces traites ont une provision à leur échéance et les renouvellements sont valables puisqu'ils ont leur origine dans une convention licite.

On ne peut nier que le mécanisme de cette opération soit d'une grande subtilité juridique. On n'aperçoit, au premier abord, ni avance remboursable, ni découvert du créditeur, parce qu'on ne regarde que la surface. Le créditeur qui se présente comme tireur court de gros risques en vérité, et il essuiera une perte, l'insolvabilité du crédité survenant, s'il n'a pas stipulé lui-même des garanties. Quant à l'avance, elle est faite, sinon par le créditeur en personne, du moins par son banquier dont il deviendra débiteur personnel, par l'escompte des effets. Le crédité est débiteur d'une avance puisqu'il l'a reçue. Il arrive, dit-on, qu'il s'engage à rembourser avant d'avoir touché ; en admettant que cela soit, il n'y aurait rien d'irrégulier, puisque nous avons vu qu'il est des lettres de change, parfaitement valables, acceptées avant que le tiré ait reçu la livraison des marchandises dont l'achat le rend débiteur du tireur.

Tous ces procédés ne font que nous confirmer l'importance et l'élasticité et la lettre de change.

On a vivement attaqué la validité de ces valeurs de circulation ; la Cour de Lyon par un arrêt en date du 3o mars 1897 les a déclarées licites et régulières (1). Il est certain que ces procédés peuvent cacher des fraudes et permettre de donner une apparence de sincérité à une circulation de complaisance. L'ouverture de crédit est alors purement fictive et les parties ne sont que des compères qui entendent se procurer les ressources dont ils ont besoin et qui, les ayant obtenues, ne cherchent qu'à dégager leurs effets en les renouvelant : la nullité s'impose, la convention intervenue entre ces compères est contraire à l'ordre public. C'est précisément qu'il ne suffit pas d'invoquer une ouverture de crédit, il faut qu'il soit prouvé qu'elle était sérieuse, qu'elle a constitué une « promesse ferme » de la part du créditeur de fournir les fonds (2). Le créditeur doit justifier de son crédit au moment où elle est intervenue, et montrer que la somme fixée a réellement été mise à la disposition du crédité. Celui-là seul peut ouvrir un crédit qui jouit

1. Jugement du T. de Com. Lyon, du 7 mars 1896, réformé en appel par cet arrêt du 30 mars 1897, D. 97. 2 385. « Considérant que si les effets de complaisance reposant sur une créance purement simulée sont nuls faute de cause, il n'en est pas de même des valeurs de circulation qui, à chaque échéance, grâce à une convention soit de crédit, soit de prolongation d'un crédit déjà ouvert, sont retirées par le créancier et de ses deniers, pour être remplacées immédiatement par une valeur grossie des agios de la première; que la loi n'interdit pas au commerçant qui a besoin de ses capitaux de disposer du montant de ses avances non encore exigibles, en se faisant souscrire des valeurs renouvelables jusqu'à l'expiration du crédit ; que les effets de cette nature sont licites, par ce qu'ils ont pour cause la convention originaire qui est régulière. »

2. Note de M. Pic, D. 98. 2 .522.

réellement de crédit. Ce ne serait point assez que l'exigence de commissions par le créditeur pour faire considérer les effets comme illicites, car on comprend qu'un créancier stipule des intérêts et commissions en rapport avec les risques qu'il court. Mais quand le créditeur est en état d'insolvabilité, quoique cet état ne soit pas notoire, quand il s'opère entre le crédité et le créditeur un partage de compte à demi du produit de l'escompte du papier, comme il n'est plus vrai de dire que c'est le crédit accordé par le créditeur qui justifie le tirage, on se trouvera en présence, non plus de valeurs de circulation, mais de valeurs de complaisance (1). Des abus sont possibles, même ils sont trop faciles, mais ils ne sont point suffisants pour défendre un moyen de crédit propre à favoriser des opérations futures et à être une arme puissante entre les mains de commerçants honnêtes.

IV. Telle est, dans son ensemble, la théorie de la nullité des effets de complaisance (2). Elle est fondée sur des principes de moralité commerciale et d'ordre public qui paraissent immuables, et quelles que soient les modifications législatives que subira le système de notre droit de change,

---

1. T. Com. Havre, 11 mars et 4 juin 1896, D. 98. 2. 521 ; Rouen, 15 juillet 1896, Juris. Havre, 96, 2, 277 ; Comp. Seine, 11 juillet 1890, La Loi du 29 juillet.

2. En Belgique, la loi du 20 mai 1892 se ressent de la double influence du Code de commerce français et de la loi allemande sur le change. En ce qui concerne la lettre de change, on la regarde comme un mandat, la provision est nécessaire, et l'on n'exige plus ni *distantia loci*, ni mention de la valeur fournie. Mais il ne se dégage pas des décisions de la jurisprudence belge, une théorie nette de l'effet de complaisance. Les tribunaux ont surtout été appelés à s'occuper des questions de responsabilité qui se posent principalement en matière d'effets fictifs. Il semble cependant qu'on admette la nullité des effets

il semble qu'elle restera certaine, dans les limites que nous lui avons tracées. Cependant les législations voisines sont loin d'admettre la nullité de l'effet de complaisance. C'est une idée courante qu'en Allemagne et en Angleterre notamment, l'effet de complaisance est pleinement valable et régulier. La loi anglaise n'en consacre-t-elle pas expressément la validité ? — On a exagéré parce que, voyant dans l'exigence de la provision le seul moyen de réfréner le trafic de ces effets, et la provision n'existant pas dans ces pays, on en a trop vite conclu à l'impossibilité de les annuler (1). On peut dire tout au plus qu'on « use de tolérance » à l'égard des effets de complaisance et qu'on s'en remet aux banquiers du soin de les éliminer de la circulation, parce qu'on sait qu'ils peuvent grandement aider les commerçants. C'est au Code pénal qu'il appartient d'en réprimer l'abus ; et cela ne tient pas à autre chose qu'à la façon dont on conçoit les effets de commerce, en particulier la lettre de change qui revêt un caractère abstrait et littéral.

de complaisance quand ils ont pour but de faire croire à l'existence d'un crédit imaginaire, comme contraires à l'ordre public. « Attendu, dit un jugement du trib. com. de Gand, du 31 mars 1888 (Jur. Flandres 1888, p. 189) que l'acceptation d'un effet de complaisance n'est prohibée par aucun texte de loi, que ce fait n'est ni illicite, ni immoral par lui-même puisqu'il n'implique que l'acceptation d'un mandat de payer au lieu et place du tireur, qu'il peut même constituer un acte de pure bienfaisance au même titre que l'aval ; attendu que *ce fait* peut, il est vrai, dans certaines circonstances spéciales revêtir un caractère hautement immoral, par exemple dans les cas de collusion frauduleuse pour faire croire à l'existence d'un crédit imaginaire. »

1. Wilson, *The Law Quartely Rewiew*, 1886,2.385,dit qu'on ne peut adhérer à une opinion qui condamne sans distinction les effets de complaisance. Cela n'implique-t il pas qu'il reconnaît la possibilité d'incriminer les effets de complaisance ? Comp. Dernburg, *Preuszischen Privatrechts*, 1884, t. II, p. 777 ; Von Canstein, p. 101 ; Ugo Sorani, *della cambiale*, 1896, p. 109.

En Angleterre et en Allemagne, tout le système des effets de commerce repose sur le crédit personnel. On n'exige pas une provision qui a trop la prétention d'y ajouter l'idée d'un crédit réel. L'effet de complaisance n'échappe pas à ces principes, sa validité est limitée par la notion de crédit. N'est-ce pas aussi ce qui doit exister dans le système français, qui d'ailleurs n'en conservera pas moins son caractère propre, suffisant à justifier tous les besoins du commerce ?

A. Angleterre. — Admise dès longtemps en pratique, la validité de l'effet de complaisance, *accommodation bill*, a été consacrée en droit anglais par le Bills of exchange Act de 1882 (45 et 76 Vict., ch. 21). Les économistes anglais, loin de partager l'horreur que les accommodations bills inspirent aux juristes français, loin de les blâmer, ne font que montrer les dangers de leur emploi abusif, et la pratique qui les connaît bien, n'y voit rien de contraire aux vrais principes du droit et n'y trouve qu'un moyen de crédit de nature à aider au développement des affaires commerciales. Cependant on les appelle parfois « fictitious bills » (1), et aussi, avec une nuance de désapprobation qui montre qu'ils ne sont pas sans aller à l'encontre de la moralité commerciale même en Angleterre, quand on en fait un usage systématique, « *wind bills* » et « *kites* » (2).

D'ailleurs la loi en donne une définition et s'en occupe dans les articles 28, 29, 46 et 59 de l'Act de 1882. Un effet de complaisance est celui qu'une personne a signé comme

1. Quoiqu'on réserve d'ordinaire ce nom aux effets fictifs.

2. *Dictionary of pol. Economy* de Palgrave, v⁴ˢ accommodation bill, kite, Cross drawing (to kite, c'est soutenir son crédit au moyen d'effets de complaisance).

accepteur, tireur ou endosseur sans en avoir reçu la valeur, *consideration*, et uniquement pour prêter son nom à une autre personne qui veut se procurer du crédit (1).

Le signataire complaisant est responsable vis-à-vis du porteur. L'effet de commerce a, en droit anglais, un caractère abstrait qui en fait un acte valable en lui-même. Il exige l'existence d'une cause de valeur, *consideration*, mais on la présume et on en restreint l'exigence pour faciliter la circulation (2). La convention particulière intervenue entre le complaisant et le « complu », *accommodated*, l'emporte sur l'effet ; mais à l'égard des tiers, elle disparaît absorbée par le caractère de cet effet, et le titre vaut ce qu'il paraît être.

Si l'on veut juridiquement analyser les rapports des parties, on en arrive à conclure que celui qui apparaît comme débiteur principal n'est et n'a voulu être qu'un garant, qu'une caution, *surety*, et que c'est celui qui semble n'être qu'une « sûreté » qui seul est le vrai débiteur. Il y a une simulation, mais comme elle ne peut nuire aux tiers,—puisque, quelle que soit la qualité prise par les parties, elle n'a d'effet qu'entre elles et qu'aussi bien débiteur principal que caution, on peut les poursuivre dans la même mesure, — on ne peut pas y trouver de fraude. Ce contrat entre les parties n'existe pas pour les tiers. Leur débiteur principal

---

1. Barclay et Dainville, *Des effets de commerce en droit anglais*, p. 31 et s. ; Thorburn, *Bills of exchange Act 1882*. Edimbourg, 1882, p. 5, et sous les art. 28, 46 et 59 ; Byles, *Bills of exchange 1885*, p. 138, 150 et 321 ; Macleod, *Banking 1893*, p. 364, t. I ; Chalmers, *Bills of exchange 1896*, p. 87 ; Borchardt, *Volestandige Sammlung des d. Wechselgesetze*, t. I, p. 163.

2. Il n'en serait autrement qu'au cas de soupçon de fraude : Byles, p. 138.

est celui qui figure comme tel sur l'effet, et il en serait ainsi alors même que le porteur au moment de l'endossement aurait su que l'effet n'avait pas de cause. Le complaisant est une caution, encore qu'il soit représenté comme débiteur principal. Le débiteur réel est celui qui partie ou non à l'effet doit en retirer tout le profit.

Mutual accommodation. — Les *accommodation bills*, s'ils sont fréquents, n'occasionnent jamais de sérieuses pertes, soit que le complaisant se refuse à apposer de nouveau son nom sur des effets qui permettraient de payer les premiers, soit que l'attention du banquier ait été mise en éveil et qu'il ne consente plus à les escompter. Ils sont généralement basés sur des rapports commerciaux honnêtes donnés par amitié, par complaisance. Mais le commerçant dont le crédit s'alourdit a recours à un autre moyen ; il se met en relations avec une personne dans une situation voisine de la sienne et se livre avec elle à une circulation de complaisance, *mutual accommodation.* Ils se prêtent réciproquement leur signature sans qu'il y ait de « cause de valeur » résultant de rapports d'affaires, d'une dette ou d'une responsabilité antérieures. Munis d'effets ainsi échangés ils obtiennent par leur négociation en banque, un crédit fictif qui leur permet de soutenir leur situation, *to kite.* Ce sont alors des acceptations qui se croisent, *cross acceptances,* et quand viendra l'échéance, de nouvelles signatures seront données qui serviront à rembourser les précédentes (1).

1. On a vu, en Angleterre, des maisons de commerce se livrer à d'énormes circulations de complaisance. Mises en relations par le cours des affaires avec des commerçants d'une solvabilité inégale et parfois douteuse, elles s'adonnaient à de mutuels échanges de signatures ; V. Adam Smith, *Richesse des Nations,* t. I, p. 379 et Macleod, *Banking,* t. I, p. 364.

En droit anglais, la notion de cause domine la matière des effets de complaisance. Pour les *accommodation bills*, il existe une cause suffisante, soit dans la promesse de l'*accommodated party* vis-à-vis du complaisant, soit dans la volonté du complaisant de s'engager comme *surety*. Au cas de *mutual accommodation*, la cause réside dans l'acceptation donnée à l'autre partie ; il n'y a plus véritablement complaisance, et la conséquence principale en est que chaque partie est obligée de payer sa propre acceptation, et en la payant, elle agit comme débitrice principale et non plus comme caution. Il y a là des engagements mutuels constituant pour chaque partie une dette, l'une étant la cause de l'autre (1). Ces *cross bills* sont, d'ordinaire, tirés pour le même montant et à la même date, quoique ce ne soit pas nécessaire. Ils servent à payer des effets par de nouveaux effets et à procurer du crédit à ceux qui les mettent en circulation.

B. Allemagne. — Le droit allemand regarde la lettre de change comme constituant un contrat littéral, dispensé par sa forme de l'énonciation d'une cause d'obligation, *ein für sich bestehendes Rechtsverhältniss*. La volonté de s'obliger est une cause suffisante ; la reconnaissance de dette sur un effet est valable, même si elle est simulée, donc sans que le déclarant ait manifesté l'intention sérieuse de s'engager juridiquement (2). Aussi, n'exprimant pas l'opération com-

1. Cette doctrine est adoptée par la Cour du Banc de la Reine, Queen's Bench, v. les espèces citées par Macleod, *Banking*, p. 367.

2. Cosack, *Lehrbuch des Handelsrechts* 1898 p. 272 ; Von Canstein, *Check, Wechsel und deren Deckung* 1890, p. 82 (der Wechsel ist nach der deütschen Wechselordnùng, Träger einer abstrakte Scripturobligation im vollsten Sinne des Wortes).

merciale qui lui sert de fondement, une traite peut naître
sans reposer sur aucune dette actuelle ou préexistante.

L'effet de complaisance, *Gefälligkeitswechsel, Verwandt-
schaftswechsel, Familienwechsel,* qu'il s'agisse d'une acceptation ou d'un endossement de complaisance est valable.
Les déclarations de la lettre de change valent en elles-mêmes, comme celle de la *stipulatio* romaine, et les auteurs en
parlent pas de nullité en cas d'effets de complaisance. Dans
les relations commerciales, on les regarde comme un moyen
licite de procurer du crédit à une personne digne de confiance. Prenons le cas d'une acceptation : le *tireur* ne prend
pas seulement « l'obligation de change » d'effectuer le paiement à tout porteur régulier de l'effet, mais aussi une obligation de droit civil, de fournir couverture à l'acceptant (1) ;
le *tiré*, tenu en vertu de son acceptation, conformément au
droit de change n'est plus qu'une simple caution à l'égard
du tireur. Il est intervenu entre les parties un contrat d'une
nature particulière tenant autant du mandat que du cautionnement (2). Il en serait également ainsi pour l'endossement et il semble plus facile de constituer un cautionnement sous la forme d'un endos (3).

La circulation de complaisance, *Wechselreiterei,* est
l'excès de l'usage des acceptations de complaisance. On sait

1. Borchardt, l. c. p. 175 ; Bernstein, *Allg. d. und oest. Wechselordnung* 1898, p. 144.

2. Si le tireur a reçu la promesse du tiré, qu'il paierait sans couverture,
alors sa traite non encore acceptée est un titre de crédit, *ein Kreditbrief*
mais si le tiré, à la demande du tireur, signe une acceptation de complaisance,
alors l'effet accepté apparaît comme réalisant un cautionnement, *ein Bürgs-
chaftsbrief.* Si le tiré a consenti une ouverture de crédit, l'effet est couvert,
mais le tiré ne l'est pas (Von Canstein).

3. Wächter, *Encyclopädie des Wechselrechts,* p. 52 et 166.

de quelles façons elle se réalise : elle peut consister soit à tirer à jet continu l'un sur l'autre, soit à tirer successivement sur différentes personnes sans qu'elles se doutent que l'escompte de leurs effets sert à en payer de précédents, soit à former un cercle d'acceptations. Au point de vue juridique, les effets qui en naissent sont pareils à tous autres, puisqu'en droit de change, on ne se préoccupe pas des rapports des parties ; et la circulation de complaisance n'est considérée comme une opération malsaine que parce que trop souvent elle est accompagnée d'opérations mensongères et n'est qu'un moyen de retarder une ruine fatale. Elle est dangereuse parce qu'elle revêt la forme d'un trafic commercial sérieux, elle est malhonnète si ceux qui s'en servent ne sont dignes d'aucun crédit (1). « C'est une opération qui porte un nom mal famé, dit Einert, *Wechselrecht,* p. 198, mais qui vaut certainement mieux que sa renommée et n'est condamnable que dans ses abus et en cas de négligence. » Elle n'est donc pas repréhensible en soi et par elle-même, mais simplement, suivant les circonstances. En droit elle n'a rien de particulier et celui qui a du crédit peut facilement la pratiquer ; il est juste qu'un commerçant use de son crédit, et la plus simple affaire de change repose sur le crédit. Les effets nés de la *Wechselreiterei* ont le caractère des « *Gefalligkeitswechsel* ». On pourrait décomposer la circulation, en autant d'effets de complaisance et reconnaître leur validité, mais l'un ne sert pas de cause à l'autre. Le même jour, deux commerçants tirent sur l'un l'autre un effet pour la même somme ; il y a une accepta-

1. Cosack, p. 316 ; Thöl, *Das Handelsrecht*, t. II, 1878, p. 254 ; Küntze, *Das Wechselrecht* 1884, p. 110 ; Grünhüt, *Wechselrecht*, 1897, t. I, p. 436.

tion et une contre-acceptation. La contre-acceptation pourra bien servir de couverture, *Deckung*, au premier effet, mais chaque accepteur ne sera pas devenu débiteur principal vis-à-vis de son tireur : le vrai débiteur est toujours le tireur, mais la contre-acceptation pourra n'être qu'un moyen de réaliser la promesse de couverture (1).

Basée sur de solides affaires, la circulation de complaisance peut présenter l'occasion d'opérations lucratives, réelles et permises. Mais quand ce sont des commerçants aux abois qui veulent chacun de leur côté se procurer de l'argent, *Geld machen*, pour soutenir une situation désespérée, la circulation est frauduleuse (2). Le crédit personnel de chaque partie ne sert plus de base à cette opération : la loi sur le change est alors impuissante, c'est au Code pénal qu'il appartient d'intervenir (3).

1. Kheil, Archiv für Théorie und Praxis des Wechselrechts, t. X, p. 188. Dans le dernier cas, il y a moins un Reitwechsel qu'un effet en retour (Rückwechsel). Nous avons vu qu'on appelle d'ordinaire Finanzwechsel, les valeurs de circulation.

2. Bauer, *Der Wechsel*, (Gefälligkeitswechsel, Wechselreiterei und Kellerwechsel), Leipzig, 1889.

3. En Italie, l'effet de complaisance, la *cambiale di comodo* (firme di favore, tratta a vuoto) reste valable et produit tous ses effets à l'égard des tiers. Les auteurs montrent le danger de la circulation de complaisance, *giro di comodo*, et de l'emploi des effets fictifs qui peuvent mener à la banqueroute frauduleuse. Marghieri, *Trattato di Diritto commerciale del Dott. Thöl*, Naples 1876, t. II, p. 178 en note ; Ugo Sorani, *Della cambiale e dell' assegno bancario*, Rome, 1896, t. I, § 87, p. 106 et s.

CHAPITRE III

CONSÉQUENCES DE LA NULLITÉ DES EFFETS DE COMPLAISANCE

La nullité des effets de complaisance est absolue. Traites ou billets ne peuvent produire aucun effet; ils proviennent d'une convention qui est entachée d'un vice radical et dont il ne peut sortir un droit de créance. Ce principe général doit cependant se combiner avec les règles qui gouvernent les effets de commerce.

L'insertion de la clause à ordre, en permettant la circulation du papier de complaisance, produit à l'égard des tiers ses conséquences ordinaires, et il faut bien séparer de la convention illicite intervenue entre les parties, l'offre qui est faite aux endosseurs et preneurs successifs par suite de la forme des effets de complaisance. La traite, le billet de complaisance incorporent les rapports juridiques qu'ils expriment. Leur caractère vis-à-vis des tiers est celui de contrats en quelque sorte abstraits dont seule apparaît la forme extérieure et matérielle. Le preneur ne fait que présumer de leur origine : de la nature du titre, il induit à une cause licite, et c'est la clause à ordre, c'est l'endossement qui purifie, à son égard, le vice dont la traite ou le billet sont infectés.

Aussi les effets de complaisance qui ne font naître aucune

obligation entre les parties, donnent aux tiers ignorants de la fraude, le droit de poursuivre le paiement contre toutes les personnes qui y figurent. Par conséquent, il y a là une division rationnelle qui s'impose, et nous étudierons successivement les conséquences qu'entraînent les effets de complaisance : 1° entre les parties ; 2° à l'égard des tiers.

Mais répétons-le, la nullité absolue ne s'applique que dans les limites que nous avons précédemment fixées ; les effets souscrits par complaisance, les valeurs de circulation produisent les effets ordinaires des valeurs de commerce, et si des recours doivent en résulter, on en reviendra au droit commun.

A. — Entre les parties

Aucune obligation valable n'a pris naissance entre les parties. L'effet de complaisance est un pur fait sans réalité qui ne peut fonder aucun droit. La régularité apparente du titre ne doit pas prévaloir sur le vice originaire qui a présidé à sa création.

Les *parties*, ce sont ceux qui ont coopéré à l'émission de l'effet ou ont aidé à sa circulation immédiate, tous ceux qui ont participé à la convention primitive. Suivant les cas, ce sera le tiré et le tireur, le souscripteur et le bénéficiaire, l'endosseur, ce peut être le porteur s'il a pris part à la convention illicite ou si c'est en sa faveur que l'effet a été créé.

La convention qui sert de base à un effet de complaisance ne pourrait suffire à aucun contrat. Une société coopérative constituée entre plusieurs individus dans le but de se souscrire des billets ou d'accepter des traites, les uns au profit des autres, ne serait pas valable, son objet étant illicite (1). De même un banquier peut refuser de négocier des effets de complaisance, bien qu'il ait pris l'engagement de les escompter. Si les conventions font la loi entre les parties c'est à la condition qu'elles ne soient pas contraires à l'ordre public (2).

La *sanction de la nullité* est le refus de toute action en justice fondée sur des effets de complaisance, et cela s'applique non seulement en ce sens qu'aucune action utile ne naît, au profit des parties, de la convention dont ces effets sont sortis, mais encore, que si l'une d'elles a payé de tels effets, elle ne peut agir contre l'autre pour lui en réclamer le montant.

La jurisprudence et les auteurs, s'ils les justifient différemment s'entendent toutefois sur la plupart des conséquences immédiates de la nullité entre les parties. Aussi posons-nous dès maintenant ces conséquences sauf à les justifier par la suite :

1° *Toute partie à un effet de complaisance peut opposer à son complice la nullité de l'effet, et repousser par ce moyen toute action dirigée contre elle.* Il restera à déterminer si elle ne pourrait pas se faire restituer avant toute poursuite, contre l'engagement qu'elle a pris.

2° *Le souscripteur ou le tiré qui a été contraint de payer l'effet de complaisance au tiers-porteur n'a pas d'action contre le bénéficiaire ou le tireur, auquel le paiement a profité. Il*

---

1. Com. Seine, 17 sept. 1867, J. Trib. Com. 68, p. 31 ; Amiens, 4 mai 1878, S. 79. 2. 45.

2. Bordeaux, 2 juin 1896, D. 96. 2. 406. Comp. Paris, 25 août 1858, J. Trib. Com. 59, p. 51.

n'est pas recevable non plus à se faire admettre au passif de la faillite de ce bénéficiaire ou tireur.

I. Refus d'action. — *a*) Il est intervenu, entre les parties une convention par laquelle l'une a consenti à signer des effets de complaisance en faveur de l'autre. En vertu de cette convention, le tireur tire des lettres de change sur le tiré et les escompte. Le tiré peut refuser d'apposer son acceptation sur les effets, le plus souvent parce qu'il prévoit la chute du tireur, et le tireur ne peut invoquer l'engagement formel qu'il a pris pour l'y contraindre (1). Le preneur ou porteur de l'effet ne le pourrait pas non plus ; il ignore la convention intervenue et s'il l'a connue, ne doit-il pas être considéré comme étant porteur de mauvaise foi ? Le porteur de bonne foi d'un effet non accepté ne pourrait pas poursuivre en dommages-intérêts celui qui a consenti à laisser tirer sur lui pour créer un crédit imaginaire, et lui faire supporter le préjudice qu'il a subi.

b) Les traites ont été acceptées, les billets sont signés, le débiteur apparent peut-il se faire restituer contre l'engagement qu'il a souscrit en violation des lois d'ordre public ? Cette demande tend à l'annulation complète de la convention ; on a admis quand les effets n'ont pas été négociés, la possibilité par le complaisant de les revendiquer (2).

c) Celui en faveur de qui ont été souscrits les effets de complaisance se trouve en être détenteur à l'échéance, soit

1. Comp. Bordeaux, 2 juin 1896 précité.
2. Paris, 30 nov. 1861, J. Trib. Comm. 1862, p. 34 ; Paris, 28 janvier 1863, J. Trib. Com. 1863, p. 437.

qu'il n'ait pas voulu ou pu les négocier, soit que ces effets se trouvent revenus en sa possession après avoir passé entre les mains d'autres personnes, banquiers ou escompteurs. S'il veut agir contre le signataire, celui-ci le repoussera en invoquant la nullité des effets où il figure comme débiteur. C'est une suite naturelle et nécessaire de ce fait que les parties ne peuvent baser aucun droit sur une convention violant l'ordre public, car entre les parties, l'effet disparaît pour laisser place à la seule convention (1). Il s'ensuit aussi qu'au cas de faillite du tiré ou du souscripteur, le tireur ou bénéficiaire ne saurait produire au passif pour le montant des effets qui lui ont été signés (2). C'est en vain qu'on viendra se prévaloir de ce qu'on aurait payé les billets ou traites donnés en échange de ceux qu'on a reçus, ce paiement n'en purifie pas le vice ; on ne pourrait pas soutenir que l'action en vertu de laquelle on agit, prend naissance dans l'inexécution par le tireur de la convention, — convention à laquelle il a manqué en ne payant pas les contre-valeurs. L'exécution d'une obligation illicite ne peut pas devenir après coup la cause licite d'une obligation entachée du même vice originel ; sans quoi, on ferait produire effet à une convention nulle, d'une nullité absolue (3).

1. A défaut de ce principe général, on justifierait d'ailleurs aisément le refus d'action ; n'y a-t-il pas dol de la part de celui au profit de qui a été signé un effet, sans cause véritable, à venir en réclamer le paiement ? On a parlé quelquefois ici d'exception de complaisance : cette formule est surtout employée en Allemagne et en Angleterre où l'on considère cette exception comme une variété de l'*exceptio doli generalis*. — La jurisprudence n'a jamais appliqué ici la règle « *nemo auditur...* »

2. Lyon, 31 déc. 1886, J. Faill. 86, p. 323 ; Dramard, n° 63.

3. Nancy, 2 janv. 1893, D. 94. 2. 172, S. 94. 2. 206 ; T. Com. Laigle, 24 avril 1897, J. Faill. 97, p. 286. *A fortiori* refuserait-on tout droit d'agir

II. Celui qui s'est prêté à l'émission d'effets de complaisance et qui a du les payer, n'a pas d'action en recours contre celui qui en a profité. — Cette conséquence n'est toutefois pas sans être contestée, et ceux qui l'admettent la justifient différemment. La jurisprudence y trouve une application de la règle « *Nemo auditur propriam turpitudinem allegans* » tandis qu'en se fondant sur la nullité absolue de la convention dont proviennent les effets de complaisance, on a cru devoir accorder une action en répétition pour empêcher qu'un contrat illicite ne vînt à produire des effets.

Théorie de la jurisprudence. — La jurisprudence a toujours appliqué la règle « *Nemo auditur propriam turpitudinem allegans* » pour refuser toute action en justice au tiré ou souscripteur qui a payé un effet de complaisance ; elle semble persister à garder ici, intacte la maxime que la Cour de cassation et quelques Cours d'appels ont abandonnée et rejetée partout ailleurs.

C'est, dit-elle, une règle bien établie, un principe traditionnel (1) que celui qui doit se reprocher l'illégalité

ou de produire, si les effets avaient été obtenus par l'intermédiaire d'agents ou de banques d'échanges. T. com. Seine, 10 déc. 1875 et 27 sept. 1876 J. T. Trib. Com. 1876, p. 430, le Droit du 15 oct. 1876.

1. En droit romain, on distinguait s'il y avait immoralité des deux contractants ou d'un seul, et ce n'était qu'au cas où la cause illicite n'existait que du côté de l'une des parties qu'on permettait à celle-ci la répétition de ce qu'elle avait payé (Paul f. 8, *De cond. ob turp. vel inj. causam* l. 12, t. VI). La jurisprudence a voulu reprendre cette distinction dans les maximes « *Nemo auditur...* » ou « *In pari causa turpitudinis cessat repetitio* ». Or, en matière d'effets de complaisance, par hypothèse, les deux contractants ont connaissance de la *turpis causa* et ont pris une part égale à la convention illicite.

d'une convention immorale ou, contraire à l'ordre public, ne peut s'en prévaloir en justice, et que celui qui a accompli l'obligation ainsi contractée, « celui qui a payé, ayant lui-même péché contre les lois et les bonnes mœurs, est indigne pour la répétition de la somme » (1). Pour obtenir son remboursement du tireur, le tiré qui a payé les valeurs de complaisance devrait invoquer cette convention en vertu de laquelle elles ont été souscrites ; ou il devrait démontrer que son paiement a été effectué sans cause, il lui faudrait donc établir l'inexistence de la convention illicite, et il ne le peut pas sans avouer sa propre turpitude.

Si le défendeur conserve ce qu'il a reçu, ce n'est pas en vertu de la nullité absolue de la convention, car ce serait manifestement contraire à l'art 1131, c'est en raison de l'indignité du demandeur à la répétition qui n'est pas recevable à alléguer sa propre turpitude (2). De quelque côté que se tourne le demandeur, de quelque façon qu'il s'y prenne, la règle « *Nemo auditur...* » se dresse inévitablement devant lui.

Cette explication n'est pas admissible.

C'est une vraie pénalité que la jurisprudence établit. C'est parce que le tiré a payé en connaissance de cause, après avoir participé au concert frauduleux destiné à tromper le public, qu'il ne peut exercer une action en répétition. Cette idée de pénalité répond d'ailleurs au but que la jurisprudence se propose d'atteindre, et qui est de réprimer l'abus des effets de complaisance, d'empêcher la création

1. Pothier, *T. des oblig.*, n° 42.

2. Dramard, nos 51 et s. ; v. les autorités citées par Pize, *Inexistence et annulabilité des contrats*, p. 205.

de banques d'échange. Où est le texte sur lequel repose une pareille pénalité?

Mais c'est surtout la maxime « *Nemo auditur...* » dont nous contestons la survivance dans notre droit. Elle n'a pas la valeur qu'on veut lui donner. Aucun texte ne la suppose, les art. 1131 et 1235 la contredisent. Elle est une de ces règles qui survivent, moins par ce qu'elles sont justes que par ce qu'elles sont faciles à appliquer, qu'on invoque beaucoup et qu'on justifie peu. Des auteurs avaient bien montré qu'au point de vue théorique, on ne devait pas distinguer l'obligation sans cause de l'obligation illicite, que dans les deux cas, la répétition s'imposait, parce que ne pas l'accorder c'était assurer la stabilité à un contrat illicite, tout au moins dans une partie de ses effets (1) ; mais la jurisprudence affermissait l'autorité de la maxime romaine, en l'étendant à des hypothèses de jour en jour plus nombreuses. C'était devenu un brocard de la pratique, accepté sans discussion, que « nul ne peut invoquer sa propre turpitude » ou que « nul ne peut venir en justice se faire un titre de sa propre faute ». En 1884, la Chambre civile de la Cour de cassation, revenant à de justes principes se déclara nettement pour la non-survivance de la maxime dans notre droit. Elle reconnut que l'art. 1131 l'avait abolie (2). Les Cours d'appel ne s'inclinèrent pas, l'adage « *Nemo auditur...* » ne disparut point. On l'a souvent rappelé au sujet des effets de complaisance et la Chambre des requêtes de la

1. Marcadé, art. 1133, n° 2 ; Demolombe, t. XXIV, n° 382 ; t. XXXI, n° 433 et s. ; Colmet de Santerre, t. V, n° 49 *bis*, IV.

2. Cass. civ., 11 février 1884, S. 84. 1. 265 ; Cass. civ., 25 janvier 1887. S. 87. 1. 224 ; D. 87. 1. 465.

Cour de cassation a elle-même suivi ces errements (1). En vérité, la jurisprudence est encore hésitante ; dans son ensemble, elle reste peut-être fidèle à la maxime traditionnelle qui est toujours invoquée en matière d'effets de complaisance (2), mais des arrêts récents, dans d'autres cas, l'ont répudiée comme « violant manifestement les art. 1131 et 1235 » (3). Il serait donc à souhaiter que la Chambre civile vînt de nouveau, en affirmant cette dernière tendance, mettre un terme à ces hésitations et assurer gain de cause à son système qui, seul conforme à l'esprit du Code civil, est seul juridiquement possible.

L'art. 1131 déclare que l'obligation basée sur une cause illicite ne peut avoir aucun effet ; l'application de la maxime « *Nemo auditur...* » lui fait produire des conséquences.

La distinction de l'immoralité *ex utraque parte* qui est la base de ce système, a été rejetée par le Code civil; elle est arbitraire et ne résiste pas à l'examen des textes (art. 1131, 1133, 1235, 1377). Rien dans ces articles « n'autorise à écarter la *condictio sine causa* pour le cas où le demandeur en répétition aurait lui-même concouru à l'acte illicite en

---

1. Cass. Req., 4 juillet 1892, S. 92.1. 513 ; Req., 1er avril 1895., S 96.1. 289 ; D. 95. 1. 263 ; V. spécial. Req., 29 nov. 1893, S. 94. 1. 328 ; D. 94. 1. 63, Pand. fr. 94. 1. 61 ; Req., 28 juillet 1897, Pand. fr., 98. 1. 144 ; *Adde* : Req., 8 juin 1891, S. 92.1. 439 ; D. 92. 1. 336, Pand. fr. 92. 1. 157. Il y a donc divergence entre les deux chambres de la Cour de cassation.

2. Paris, 16 nov. 1888, D. 89. 2. 253 ; S. 91. 2. 89 ; Nancy, 2 janv. 1893, S. 94. 2. 206, D. 94. 2. 172.

3. Poitiers, 28 déc. 1896, Pand. fr. 98. 2. 1. — D'autres arrêts en sont venus à rejeter en fait la maxime en vertu de considérations pratiques particulières à chaque cas, peut-être en distinguant, comme le fait remarquer M. Pic (D. 98. 2. 253) la *causa injusta* et la *causa turpis*. L'opération est-elle plutôt illégale, qu'immorale, la *condictio indebiti* sera possible.

exécution duquel le paiement a été fait » (1). Quant à la formule même de la maxime, elle n'existe véritablement dans aucun des textes romains. Le principe qui lui sert de base (2) n'était en réalité que le « correctif d'une législation qui ne se préoccupe pas de la cause » (3), et il en est tout autrement dans notre droit.

On prétend que les anxiétés, l'absence de sécurité des parties est dans le vœu de la loi : « dans l'intérêt de la société, il convient que la sécurité manque à ceux qui prennent part à des conventions illicites ou immorales » (4). Mais, au contraire, la théorie de la jurisprudence rend inattaquable la convention dans la mesure où elle a été exécutée. Comment comprendre qu'absolument nul avant d'être exécuté, le contrat devienne irrévocable après ? Comment peut-on lui assurer des effets immuables que rien ne saurait ébranler, lui donner plus de force qu'à une convention licite ?

Du reste, sur quoi se fonde la règle « *Nemo auditur* » ? Sur ceci, que celui qui a exécuté une convention illicite est indigne de la protection du juge. La société ne doit pas protection à ceux qui ont enfreint ses lois. « Le sentiment des bonnes mœurs, a-t-on dit (5), a déterminé la justice à se voiler, dans un mouvement d'indignation et de dégoût ». Il faut avouer, comme le dit M. Meynial (6), qu'il est bizarre

1. M. Pic, note, D. 98. 2, 252.
2. Ce principe général est au Digeste, f. 3, *De cond. ob. turp vel inj. causam*, l. 12, t. V ; rapprochez le fr. 8 (*eod. t.*).
3. Note de M. Charmont, Pand. fr. 98. 2. 1.
4. Dramard, n° 54.
5. Larombière, art. 1133, n° 29.
6. Note, S. 90. 2. 97. — Conf. note de M. Appert, S. 96. 1. 289.

de prétendre que le prétoire du juge n'entend que des discours d'honnêtes gens, et que c'est une singulière transposition historique que de considérer aujourd'hui encore le recours aux tribunaux comme une faveur.

Enfin, on permet au défendeur qui n'a pas exécuté son obligation de s'enrichir aux dépens d'autrui, alors que les art. 1235 et 1376 ne font aucune distinction, sans qu'on ait à apprécier la valeur morale des motifs sur lesquels est fondée la demande en répétition.

En résumé, on doit considérer la maxime « *Nemo auditur propriam turpitudinem allegans* » comme sans application dans notre droit, et les auteurs les plus récents s'accordent d'ailleurs à le reconnaître (1).

On a parfois raisonné d'une autre manière pour refuser le droit de répétition, et écarter l'idée de pénalité. L'effet de complaisance est nul, dit-on, pour défaut de cause ; le tiré n'a pas d'action parce que toute action pour exister juridiquement doit avoir pour fondement un droit résultant d'un contrat ou de la loi. Mais précisément parce qu'il ne doit plus y avoir de contrat, il faudrait agir en sorte que, s'il a produit quelque effet, cet effet soit détruit. De plus, n'y a-t-il donc rien dans la loi? Le droit commun n'est pas ce qu'on veut le dire. Un principe certain est contenu dans les art. 1131, 1235...; tout paiement suppose une dette, or il n'y avait pas de dette. Ce qui a été payé, sans être dû, est sujet à répétition, et ce qui est payé en exécution d'une obligation illicite n'était pas dû.

1. Aux auteurs précités *adde* : Lyon-Caen, sous Lyon, 23 janvier 1884. S. 84, 2, 54 ; Laurent, t. XVI, n° 164 ; Huc, t. VIII, p. 52 ; Vigié, t. II. n°s 1143 et 1793 : Baudry et Barde, t. I, p. 298, n° 3 : Bufnoir, *Propriété*

Théorie du droit de répétition. — En présence de l'article 1131, si nous ne pouvions invoquer que la maxime *Nemo auditur*, il faudrait en conclure que, si l'effet de complaisance a circulé et a été payé, même sciemment (1), une action en répétition est accordée à celui qui a payé contre celui qui a profité de l'émission de l'effet; car ce qui est payé en vertu d'une obligation nulle est payé indûment.

Il est illégal de prononcer une déchéance, d'appliquer une pénalité; il est trop rigoureux de refuser l'action en répétition. Il faut tirer des principes leurs justes conséquences. La convention intervenue entre les parties ne peut produire aucun effet, son exécution ne couvrira pas la nullité : la répétition est possible.

Le refus d'action profite aux créanciers du tireur ou bénéficiaire, et comme en général, celui-ci sera en faillite, sa masse se trouvera augmentée du bénéfice que lui ont procuré les effets de complaisance. Il y aura enrichissement sans cause des créanciers; ne pas permettre la répétition, c'est donc les faire profiter de la fraude de leur débiteur. « C'est une peine, une amende dont on frappe le tiré au profit de la masse. Le seul argument qu'on soit tenté d'invoquer, et encore de quelle qualité! c'est que les créanciers

et contrat, p. 654, « il est impossible que le prétendu créancier profite de la turpitude de l'autre partie pour s'enrichir indûment » ; Comp. Lévy-Ullmann et J. de la Pradelle, *Ann. de D. comm.* 1806, p. 123 : P. Pic, note, D. 97. 1. 177 ; *Contrà.* Larombière, art. 1133, n° 10, art. 1376, n° 21 ; Pont, *Petits contrats*, t. I, n° 663 ; note Dubois, S. 74. 1. 241 ; Aubry et Rau, t. IV, § 442 *bis.*

1. Ce qui est contraire à l'ordre public, ce n'est pas le paiement, c'est la convention première dont procèdent les effets de complaisance. Si les effets ont été acceptés l'accepteur est obligé de payer : le paiement fait sciemment n'est plus volontaire.

de la masse ont été trompés par le tirage des lettres de change, et ont cru à leur débiteur. Mais d'abord, cela n'est vrai que des créanciers postérieurs à la lettre de change, et puis la chose ne se produit-elle pas tous les jours sous le voile du compte-courant, celui qui a un compte-courant tirant pour une valeur bien supérieure à la créance qu'il a sur son banquier? Les créanciers ne réclament pas alors et ils ont été tout aussi bien trompés » (1).

Supposons deux commerçants qui se sont livrés à une circulation de complaisance pour retarder leur faillite. L'un d'eux a acquitté tous les effets par lui acceptés, il a payé aussi ceux que son compère lui avait souscrits. Il n'a aucun droit de recours, et puisqu'il a employé la circulation d'effets comme moyen ruineux, il sera, s'il tombe en faillite, déclaré banqueroutier simple (art. 585, 3°). Son compère qui n'a rien payé et a seul tiré profit de la circulation, ne peut être poursuivi en répétition. Il n'a donc pas employé un « moyen ruineux » de se procurer du crédit et, par conséquent, ne sera pas, de ce chef, passible de la banqueroute simple. Ce sera celui qui aura profité de la convention violant l'ordre public, et agi plus malhonnêtement, qui sera peut-être le moins puni. On avouera que c'est une suite inattendue du refus d'action en répétition !

Si le tireur est en faillite, il ne s'agit pas de créer un privilège, mais d'attribuer un dividende. La loi se borne à refuser tout avantage spécial à des actes qui sont de beaucoup plus blâmables. On permet de produire pour des opérations de bourse, des reports notamment, qui sont plus dangereux pour le débiteur et ses créanciers.

1. M. Meynial, note S. 91. 2. 89.

On invoque des raisons pratiques en faveur du refus d'action, surtout l'impossibilité d'évaluer le profit que chaque partie a retiré d'une circulation de complaisance. N'a-t-on pas exagéré ? Difficulté n'est pas impossibilité. C'est seulement en l'absence de toute comptabilité qu'il sera délicat de déterminer au bénéfice de qui existe un reliquat. En cas de compte à demi, il suffira souvent de connaître le montant des effets souscrit et ce que chaque partie a payé.

De même, on dit que le défaut de sécurité des parties est dans le vœu de la loi : une continuelle incertitude est un tel sujet de souci pour les commerçants qu'ils éviteront d'employer de pareils moyens. Mais la menace du refus d'action en répétition n'empêchera pas un débiteur perdu de tirer des lettres de change, tandis qu'elle empêchera le tiré de les payer. La circulation en souffrira parce qu'il faudra toujours requérir l'acceptation, ce sera une cause de retard. D'ailleurs ce défaut de sécurité n'est qu'apparent ; au fond, il n'est pas réel. Au contraire, du jour où le tiré aura payé, le tireur sera sûr de ne pas être inquiété, et il sera puissamment protégé, car on lui assure la stabilité de la convention illicite.

La nullité fondée sur la violation de l'ordre public, impose donc la possibilité pour le *solvens* de réclamer par la répétition ce qu'il a dû débourser, et c'est le cas pour les effets de complaisance. Tout étant nul, il faut rétablir les choses dans leur ordre normal.

Théorie adoptée. — Il serait, en vérité, très séduisant de se prononcer pour la répétition. Ce serait d'une logique rigoureuse, et il y aurait là un cas d'application d'une théorie générale basée sur la nullité absolue, fortement établie et véritablement simple. Des raisons spéciales, des motifs d'ordre pratique doivent cependant déterminer le refus de l'action du tiré ou souscripteur ; et tout en considérant que la maxime romaine a vécu, qu'elle n'est « qu'une sorte d'anachronisme » dans notre droit, tout en admettant que, dès qu'on a payé une obligation frappée de nullité en vertu de l'art. 1131, on a un droit acquis à la répétition de l'indû, nous croyons qu'on peut ne pas permettre de répéter la somme payée sur un effet de complaisance (1).

Les difficultés d'appréciation qu'on prévoit sont réelles, indéniables. S'il y a eu circulation de complaisance, il faudra établir un compte propre à chaque partie : une compensation serait alors nécessaire. Mais le plus souvent on se heurtera à une impossibilité d'évaluation. Les parties n'auront eu garde de mentionner ces opérations sur leurs livres ; et s'il y a eu vente de signature ou échange opéré par un intermédiaire, comment connaître exactement le profit que chacun en a retiré, comment procéder en présence des intérêts, des frais, des droits de commission.

---

1. Il ne suffit toutefois pas de dire comme un arrêt de la Cour de Poitiers du 17 juin 1895, J. Trib. Com 1896, p. 774, que « le tiré ne peut répéter les sommes payées en vertu de la convention dont il connaissait la nullité, parce que le principe qui défend de s'enrichir aux dépens d'autrui doit fléchir devant cet autre principe d'ordre supérieur qui veut qu'une obligation sans cause ou sur fausse cause ne puisse produire aucun effet ». On applique ce principe d'ordre supérieur en ne le respectant pas.

De même, c'est méconnaître la volonté des parties que de l'interpréter dans le sens d'une intention libérale ; et c'est la seule façon d'expliquer de nombreuses décisions judiciaires.

L'action en répétition ne serait pas seulement souvent injuste, elle serait toujours arbitraire.

De plus, quoi qu'on en ait dit, tous les créanciers ont à souffrir des effets de complaisance. Les créanciers antérieurs à l'émission des effets ont vu leur gage diminuer. Les créanciers postérieurs ont été trompés par le semblant de crédit accordé à leur débiteur. Il faut du reste, dans la majorité des cas s'entendre avec la masse, le tireur étant en faillite. Le tiré a pu augmenter l'actif en donnant sa signature, mais n'a-t-il pas causé à la faillite un préjudice de beaucoup supérieur à la valeur des effets, en permettant au débiteur de prolonger sa vie commerciale par une circulation ruineuse. On est en présence d'un tiré qui a consenti à prêter sa signature, ou qui l'a vendue et en a retiré profit, qui a donc dû admettre comme possible l'éventualité d'une perte, et des créanciers de la masse qui cherchent à éviter une perte qu'il n'ont pu prévoir. Aussi en admettant pour le tiré le droit à la répétition, ne le verrait-on pas échouer dans son action, quand au résultat final, si les créanciers lui demandaient réparation du préjudice qu'il leur a causé, conformément à l'art. 1382 (1) ?

Ces raisons ont leur valeur. Elles se trouvent confirmées par nombre de jugements et d'arrêts ; elles sont capables d'influencer l'opinion des juges. Elles n'ébranlent pas le principe absolu de l'art. 1131, et il nous semble possible de les fortifier par le raisonnement suivant fondé sur l'opération même que réalise l'effet de complaisance. La nullité absolue oblige à rétablir les choses dans l'état où

1. Pic, note D. 98. 2. 524.

elles étaient avant que la convention ne fut intervenue. Mais ici, c'est impossible par suite de ce fait que les porteurs ont pu invoquer le titre pris en lui-même et que des conséquences en sont résultées, qui ont obligé l'accepteur au paiement. La signature du tiré a permis au tireur de se procurer de l'argent qu'il n'aurait pas eu sans cela, et voilà ce qui est contraire à l'ordre public. Finalement, en rétablissant les choses, c'est-à-dire en permettant la répétition, on en arriverait au but que se sont proposé les parties et qui est contraire à celui qu'on veut atteindre. S'il y avait eu une circulation d'effets, on devrait établir un compte de balance ; celui en faveur de qui serait le reliquat pourrait agir en justice pour réclamer son paiement, de telle sorte que chacun aurait obtenu de son compère le crédit qu'il voulait, il aurait joui d'un crédit que personne n'aurait voulu lui accorder.

En résumé, malgré la nullité absolue, celui qui a payé un effet de complaisance ne peut exiger de celui qui en a profité le paiement de ce qu'il a déboursé, ni produire à sa faillite (1). On peut espérer réprimer par là l'abus des effets de complaisance, car ce sont les complaisants, les complices, qu'il faut atteindre.

En cas de circulation de complaisance. — Les parties peuvent avoir établi un compte-courant, comprenant comme article spécial, indépendant, le montant de chaque effet échangé. La jurisprudence a autrefois admis que celui en

---

1. Les jugements les plus récents sont : Cor. Seine, 21 mars 1899. Gaz. des Tribunaux du 7 mai ; T. Com, Nantes, 19 avril 1879 J. des Faill. 99, p. 378.

faveur de qui existe un reliquat, toute compensation faite, peut agir contre le débiteur du solde ou produire à sa faillite ; elle exigeait toutefois qu'il y eut un compte régulièrement tenu et que chaque partie eût réellement fourni les fonds dont on l'avait créditée, parce qu'autrement on lui aurait reconnu une créance qui ne lui était pas due (1). Dans les espèces où sont intervenues ces décisions, il s'agissait toujours de billets de complaisance, et il semble qu'on ait considéré les billets de l'une des parties comme la contre-valeur des billets de l'autre. Le principe de la nullité des effets de complaisance s'étant précisé, la jurisprudence actuelle l'applique dans tous ces cas, parce qu'il est contraire à l'ordre public que deux personnes puissent, par ce procédé, tromper les tiers et se procurer un crédit fictif. Quand deux commerçants s'adonnent à une circulation d'effets, ils ne sont pas recevables dans la demande en compte de l'emploi des fonds résultant des négociations frauduleuses (2).

Une action de in rem verso *est-elle admissible ?* — La jurisprudence, en appliquant l'adage *Nemo auditur*, refuse au tiré le droit de poursuivre le tireur pour ce qui a tourné à son profit, car pour prouver la *versio in rem*, il devrait invoquer l'accord conclu avec son complice (3). Le tiré ne saurait songer à intenter une action en dommages-intérêts sous le prétexte que le tireur n'a pas fait les fonds à l'échéance, comme il l'avait promis, quel que soit le pré-

1. Paris, 28 nov. 1860, J. Trib. Com., 1861, p. 77 ; Paris, 24 janv. 1863 id. 1863, p. 435 ; Paris, 14 août 1873, 4 janvier 1876, id. 1874, p. 167, 1876, p. 394.
2. T. Com. Havre, 8 juin 1896, D. 98.2.521, Rec. jur. Havre, 189.61.202.
3. C. sup. Luxembourg, 17 déc., 1897, S. 98.4.20.

judice qui en soit résulté pour lui ; on ne peut trouver le principe de dommages-intérêts dans l'inexécution d'une convention contraire à l'ordre public.

En principe, l'action *de in rem verso* peut être accordée au tiré, mais comme il lui sera nécessaire de prouver que le tireur ou sa masse ont profité du crédit obtenu par ie tirage, comme d'ordinaire les effets de complaisance leur auront plutôt nui que profité, cette action se verra par là limitée à un nombre fort restreint de cas d'application (1).

Droits des créanciers des parties. — Les créanciers du tiré, lorsque celui-ci ou toutes les parties sont en faillite, ne peuvent-ils pas obtenir ce que leur débiteur n'a pas le droit de réclamer ?

a) Le tiré ou souscripteur est en faillite, il a payé l'effet de complaisance ou bien le porteur de bonne foi a produit à sa faillite. Les créanciers de la masse peuvent, au lieu de supporter définitivement cette dette sans compensation pour l'actif, — puisque rien n'a correspondu à l'entrée dans le patrimoine du tiré, — reconnaître au syndic, agissant en leur nom, contre le tireur, une action en recours ou en réparation du préjudice que leur a causé l'émission des traites, soit qu'on veuille y voir une *condictio ob turpem vel injustam causam*, soit qu'on y trouve simplement les conditions requises pour appliquer l'art. 1382 C. C. (2). Dans les

---

1. Note de M. Thaller, D. 97.2.385.

2. On dira peut-être que l'action dérivant des art. 1382 et 1383 du Code civil est une « action personnelle et individuelle » qui ne peut s'exercer collectivement par des individus ayant des intérêts distincts et séparés, et qui n'ont pas subi le même préjudice, on a répondu que tous les créanciers chiro-

deux cas, ils demanderont le remboursement de la somme
payée au porteur ou obtenue sur la production de ce dernier. Ils ont été victimes de manœuvres frauduleuses con-
certées par leur débiteur avec un tiers. La masse exercera
un droit qu'elle ne tient pas du failli, puisqu'ayant participé à la convention celui-ci ne pourrait pas agir en justice ; elle viendra prétendre méconnaître des actes que le
commerçant a conclu alors qu'il était au-dessous de ses
affaires, et n'en pas souffrir. En souscrivant des effets de
complaisance, le débiteur ne représente plus ses créanciers ;
la masse est considérée comme un tiers par rapport au
failli (1). Pourquoi ne pas la regarder, dans cette limite,
comme une sorte de personne morale, susceptible d'avoir
des créanciers et des débiteurs ?

b) Le tiré et le tireur sont en faillite. — Deux masses de
créanciers sont en présence. Ce sera la faillite à laquelle le
porteur aura produit qui supportera la charge des effets.
Si la masse de la faillite du tiré veut exercer une action en
recours ou en dommages-intérêts, la masse du tireur lui
opposera le caractère illicite de la convention dont sont
sortis les effets de complaisance, comme elle aurait repoussé
le tiré s'il n'avait pas été déclaré en faillite ou en liquidation judiciaire. Les deux masses peuvent se prévaloir d'une
entière bonne foi. Elles ont droit à une égale faveur, on

graphaires venant en concurrence, ont le même intérêt à s'opposer à l'admission d'une créance qui réduirait à leurs dépens le dividende à distribuer Caen
30 mai, 1899, J. Faill., 1899, p. 337. La difficulté disparaît si l'on admet
que la masse est un tiers.

1. Lyon-Caen et Renault, t. VII, nº 478 ; Thaller, nº 1552 ; T. Com-
Havre, 11 mars 1896, D. 98.2.521 et la note de M. Pic, (V). La masse agit
donc individuellement et personnellement.

ne fera en somme qu'appliquer l'adage « *in pari causa, melior est causa possidentis* » (1).

Il reste cependant possible que le tiré étant en faillite, sa masse obtienne du tireur réparation du préjudice qui lui est causé, puis que le tireur lui aussi tombe en faillite, peut-être à la suite du paiement en restitution qu'il a été obligé de faire à la faillite du tiré. Il y a alors deux faillites, non plus simultanées, mais successives. Si le tireur a payé ou a été condamné à payer par un jugement ayant acquis force de chose jugée, ses créanciers ne pourraient-ils pas demander la nullité du paiement, répéter les dividendes payés ou contester l'admission au passif? On devra laisser les choses en état, mais répétons que le plus souvent, ce sera cette action des créanciers de la faillite du tiré qui fera déclarer le tireur en faillite, et on en reviendra à l'application de la maxime *in pari causa, melior est causa possidentis*, puisque deux faillites seront en présence, ayant des droits égaux.

Ce ne sont pas les seuls droits des créanciers des parties et nous rechercherons plus loin si, à leur égard, le complaisant qui prête son concours à la création d'effets fictifs ou d'effets de complaisance ne peut pas en être déclaré responsable.

Preuve. — Tout effet de commerce fait foi de la sincérité

1. Pic, D. 98.2.522. Comp. un jug. T. Com. Havre, 6 juill. 1876, Jur. Havre, 1876, p. 260 qui refuse à la faillite du tiré le droit de produire, le tiers porteur ayant reçu un dividende. « Il ne peut se faire que la faillite du tireur paye à la fois des dividendes sur le montant intégral des titres et un dividende au tiré ou à sa faillite sur la différence entre le montant intégral de ces valeurs et ce qui aurait été payé par la faillite du tireur aux dits tiers-porteurs » On paierait deux fois, dit-on, mais n'y a-t-il pas deux créances dont chacune a une source distincte ?

de ce qu'il contient jusqu'à preuve contraire. C'est ainsi que l'acceptation du tiré ou la signature du souscripteur crée une obligation à sa charge, et cette obligation vaut, à l'égard du tireur, du bénéficiaire ou de ses ayants cause tant que le tiré ou le souscripteur n'a pas prouvé qu'une contre-valeur ne lui a pas été fournie. C'est ce principe qu'on exprime quelquefois en disant que « provision est due au titre » et c'est à celui qui soutient qu'il s'agit d'un effet de complaisance de le prouver. La preuve du défaut de cause ou de l'absence de provision ne suffit pas, il faut montrer quel a été le but de l'effet créé, parce qu'une traite acceptée peut se trouver sans provision par suite d'un fait accidentel, comme si le tiré, après avoir accepté, a légitimement refusé les marchandises envoyées. Le simple manque de provision n'empêche pas la traite de produire des effets à l'égard de toutes les personnes intéressées, et donne au tiré un droit de recours contre le tireur, qu'il y ait eu paiement pur et simple ou paiement par intervention ; tandis qu'au cas de traite de complaisance, les tiers de bonne foi pourront seuls invoquer sa nature apparente, et tout droit de répétition sera refusé au tiré. Mais, en général, la preuve de la complaisance résultera de la preuve du défaut de provision ou de valeur fournie (1).

Tous les modes de preuves sont admis pour établir qu'on est en présence d'un effet de complaisance, et en cette matière la preuve se fera plus par présomptions que par écrit au autrement. Cependant les juges la puiseront fréquemment dans les registres, livres ou correspondance des

1. Comp. *infrà*, sur la « mauvaise foi » du porteur.

parties. Elle résultera, à l'évidence de lettres dans le genre
de celle-ci : « MM. N. et Cie... à Paris. Nous vous confir-
mons votre lettre de ce matin avec quatre valeurs, ensemble
5.200 fr. 3o dont nous attendons le renvoi. Comme votre
commerce n'a aucun rapport avec le nôtre et pour éloigner
tout soupçon de nos banquiers, il serait nécessaire que vous
nous écriviez une lettre nous accusant réception de notre
envoi de vins pour votre Société coopérative que vous avez
à votre usine du Nord. En cas d'observation, cette lettre
nous servirait à répondre. A Paris on ne fait pas autant de
difficulté qu'en province. Les banquiers tiennent à savoir
quelles sont les relations qu'on a avec tel ou tel correspondant. Nous comptons donc sur vous pour la rédaction de
cette lettre. Et nous vous prions d'agréer nos sincères salu-
tations, X... frères » (1). A défaut de tout autre moyen de
preuve, l'aveu et le serment resteraient possibles ; en particulier, l'aveu des parties sera pris en considération d'autant
plus facilement qu'il pourra entraîner la banqueroute
simple de celui qui l'aura fait.

B. — A l'égard des tiers.

Nuls entre les parties qui ont coopéré à leur confection,
les effets de complaisance ont au contraire une valeur en
regard des tiers intéressés à la parfaite exécution des obligations qu'ils constatent. Par *tiers*, on doit entendre non
seulement les tiers-porteurs, mais encore les endosseurs,
les donneurs d'aval, et nous avons vu que les créanciers
des parties en tant que masse d'une faillite sont considérés

1. Paris, 9 janv. 1896, Droit du 20 juin ; Sur la question de preuve, Cass.,
21 mars 1842, D., 42.1.133 ; Lyon, 27 janv. 1883, Rec. arr. Lyon. 83,161 ;
Cass., 30 mai 1883, S. 84.1.154 ; Lyon, 2 mars 1897.

comme tiers. Tiers-porteurs ou endosseurs, c'est tout un : les mêmes règles leur sont applicables (1).

A.— *Tiers-porteurs et endosseurs.* — En matière d'effets de commerce, il est un principe certain d'après lequel, les tiers ne sont points tenus de rechercher lors de la négociation des effets, si la cause licite qui s'y trouve énoncée est réelle ; il y a là une présomption en leur faveur, qui ne cède que devant la preuve qu'ils ont connu la convention, fondement des effets. L'effet de commerce affecte alors un caractère purement extérieur, et le porteur se plaçant au seul point de vue objectif, en ce qui concerne les rapports des parties, prend l'effet pour ce qu'il lui paraît être. « Attendu, dit un arrêt de la Cour de Nancy du 31 janvier 1893 (2), que lorsque l'effet est régulier en la forme, le cessionnaire est fondé à tenir pour bon et valable le contenu de l'effet, qu'il ne peut être recherché contre et outre ce contenu, et qu'il n'est nullement obligé d'examiner au moment de la négociation qui lui est faite si les conditions que l'existence du titre peut révéler, ont été exécutées. » Cela s'explique et se justifie facilement.

En droit, la clause à ordre par son caractère spécial nettement défini (3), donne au porteur un droit propre dégagé du contrat primitif : le débiteur s'oblige par avance, envers tous ceux qui deviendront propriétaires successifs de l'effet,

1. Si l'endosseur est le véritable obligé, ou s'il est un complaisant, on le traitera comme une partie.

2. S., 93.2.95 ; D., 93.2.134, Pand. Fr., 93.2.106.

3. Car, si l'on discute son fondement, sa nature, on s'accorde généralement sur les effets qu'elle produit. Lyon-Caen et Renault, t. IV, n° 72 ; Thaller, 2e éd., n° 1330 ; Debray, *La clause à ordre*, Thèse Paris.

J. HÉMARD·   7

on dit volontiers qu'il renonce aux exceptions dont il aurait pu se prévaloir à l'égard des tiers (1).

En fait, la circulation d'un effet de commerce subirait un grand retard, si celui qui l'acquiert devait rechercher l'opération, l'acte juridique qui se cache sous cette forme ; la sécurité serait moins grande pour les cessionnaires qui pourraient craindre que des exceptions ne leur fussent opposées. La négociation des valeurs commerciales s'en ressentirait, l'étendue du crédit diminuerait. Au contraire, sont opposables les vices de forme inhérents au corps de l'effet, les irrégularités qu'un examen rapide du titre suffirait à révéler (2) : c'est une conséquence du caractère littéral que, de plus en plus, on reconnaît aux lettres de change et aux billets à ordre, et qui en fait une sorte de monnaie fiduciaire (3). L'escompte et la circulation des effets de commerce seront rendus d'autant plus faciles et rapides qu'on sera plus certain qu'aucune exception qu'on n'ait pu connaître n'étant opposable, le paiement sera prompt et sûr.

Le tiers-porteur est celui qui détient la traite ou le billet en vertu d'un endossement régulier, c'est-à-dire d'un endossement qui satisfait aux conditions exigées par l'article 137 C. com., et comme le vice dont est entaché l'effet de com-

---

1. Mais cette formule n'est pas sans soulever des objections. Debray, p. 185.

2. Le signataire est obligé *in rem* et directement envers le porteur de l'effet à l'échéance, mais il est des exceptions (de faux, de vice du consentement d'incapacité) qui peuvent être opposées même au porteur de bonne foi. V. Boistel, n° 754 ; note sous Paris, 3 fév. 1891, S., 94. 1. 302 ; note de M. Tissier, S. 97. 1. 162.

3. Cass. Req., 2 déc. 1846, D. 47.1.35. « C'est pour assurer aux effets de commerce, le même cours que l'argent monnayé que la loi met le tiers-porteur de bonne foi à l'abri de toute exception ».

plaisance ne tient nullement à la forme (1), le tiers-porteur, investi d'un droit propre, peut poursuivre directement le tiré ou le souscripteur, et échapper aux exceptions non apparentes que ceux-ci ou leurs cessionnaires voudraient lui opposer. Il ignore la convention qui lie les parties puisqu'elle n'a reçu aucune publicité et que c'est parce qu'elle est restée cachée qu'elle a permis au tireur ou bénéficiaire d'escompter les effets. Il n'a pas à scruter les opérations juridiques accomplies entre les parties et les endosseurs précédents, il lui suffit qu'elles se manifestent sous la forme d'endossements réguliers.

Mais c'est seulement en tant que les tiers s'en rapportent à l'effet lui-même qu'ils ont droit à l'application de ces règles : ils ne peuvent plus les invoquer quand ils ont connu la convention qui se cachait derrière les effets. Le fondement des conséquences de la clause à ordre en trace la limite.

C'est une distinction fondamentale, tant en doctrine qu'en jurisprudence, que celle du porteur de bonne ou de mauvaise foi (2). Elle domine la matière du droit de change en ce qui concerne les rapports avec les tiers, elle doit trouver place dans la question des effets de complaisance. Elle n'est toutefois pas la seule qui ait été proposée ; il en est une autre, consacrée dans certains pays étrangers que quelques auteurs ont cru capable, dans une limite donnée, de s'accommoder à notre droit et que la jurisprudence

1. Ni à aucune des autres exceptions qu'on peut opposer au porteur de bonne foi.

2. Cass., 10 mai 1883, S., 84.1.154, Amiens, 7 fév. 1895, S., 96.2.28 ; Thaller, 2e éd., no 1330 ; Boistel, no 754.

semble parfois avoir admise (1). On ne s'occupe plus de
savoir si le tiers-porteur a connu le vice qu'on lui oppose,
mais on se demande s'il a fourni la valeur de l'effet qu'il
détient, à son endosseur ou cédant. Nous réfuterons cette
théorie en tant qu'elle voudrait s'appliquer aux effets de
complaisance et nous conserverons la distinction courante
et rationnelle qui, selon nous, se justifie entièrement.

§ 1er. **Porteur de bonne foi.** — I. Le tiers-porteur de bonne
foi d'un effet de complaisance nanti en vertu d'un endossement régulier (2), peut poursuivre tous les obligés qui y
figurent. Il a les les mêmes droits que si l'émission de l'effet
avait été sérieuse et valable. C'est en vain qu'on chercherait
à lui opposer le caractère illicite de la convention, le but
immoral de l'effet, car c'est à lui que s'applique la règle
d'après laquelle, en principe, la transmission des effets a
lieu sous les seules conditions résultant de la nature apparente du titre (3).

II. — On a cependant soutenu qu'*étant absolue, la nullité
de l'effet devait exister à l'égard même du tiers-porteur de
bonne foi* qui n'aurait qu'une *action en dommages-intérêts*

1. Paris, 24 fév. 1864, J. Trib. Com., 64, p. 250.
2. L'endossement peut avoir lieu en blanc, pourvu qu'il soit régulier,
T. Com. Tours, 20 juill. 1888, Gaz. Trib., 30 août 1888. Même irrrégulier,
il est valable, la présomption de l'art. 138 C. Com. tombant devant la preuve
contraire : à défaut de cette preuve, le porteur est considéré comme simple
mandataire et on peut lui opposer la « complaisance ». Paris 25 nov. 1889,
D. 90.2.349.
3. Rouen, 15 janv. 1885, S. 87.2.186 ; Cass., 29 mars 1887, D. 87.1.451,
S. 87.1.160 ; Cass. Req., 8 fév. 1892, D. 94.1.39, Pand. F. 93.1.62, S. 92.1.
197 ; T. Com. Havre.11 mars 1896 et Rouen, 15 juillet 96, D. 98.2.521. Rapp.
Cass. civ., 25 mai 1894. S. 94.1.453. La Réunion, 20 mars 1897, Le Droit
du 25 juin ; Aix, 9 fév. 1899. Le Droit du 19 mars.

pour le préjudice qu'il a subi. La lettre de change, le billet à ordre, juridiquement n'existent plus. Le souscripteur d'un effet de complaisance pourrait donc invoquer le défaut de formation du contrat, pour faire annuler les droits du tiers porteur de bonne foi, mais ce dernier ne devrait souffrir aucun dommage de la mise en circulation de cette valeur fictive. On n'y a vu qu'une question purement théorique, puisqu'il suffira de l'obligation née du délit ou du quasi-délit civil à la charge du souscripteur pour que celui-ci n'ait plus d'intérêt à se prévaloir de la nullité, « car à cette exception, le porteur répondrait en concluant à des dommages-intérêts qui seraient précisément l'équivalent du principal et de l'accessoire de sa créance, parce que c'est la mesure exacte du préjudice qu'il a souffert par le fait du souscripteur et dont celui-ci lui doit réparation. Il est tenu en vertu de l'art. 1382 C. C. et son obligation est identique à celle qui résulterait de l'acte souscrit par lui, et soumise aux mêmes conditions » (1). En fait, la plupart du temps, le résultat serait le même, et on n'a guère reconnu d'intérêt à la solution que dans les cas où des causes de préférence seraient attachées à l'effet. Les porteurs ne pourraient plus s'en prévaloir, ils ne bénéficieraient plus des garanties d'exécution sur lesquelles ils croyaient pouvoir compter. C'est par conséquent, sur eux que retombera la fraude de leurs débiteurs, puisqu'en général, ils auront attaché plus de confiance à la sûreté accessoire qu'à la solvabilité personnelle des parties. Mais ce n'est pas la seule inconséquence

1. Dramard, nos 76 à 98 ; note D. 92. 1. 336 ; Nancy, 25 février 1890, D. 90. 2. 347 ; T. Com Toulouse, 24 nov. 1895, conf. en appel Toulouse 1er déc. 1898, D. 99. 2. 379.

qui se présente dans cette théorie. Si l'action du tiers-porteur de bonne foi n'est plus une action de change provenant normalement de l'effet, mais une simple action en dommages-intérêts résultant d'un délit ou quasi-délit civil, comment expliquer tous les caractères découlant de la forme commerciales de la lettre de change, par exemple, la compétence commerciale à l'égard des non commerçants ; comment justifier le refus d'un délai de grâce au signataire (1).

Cette théorie est contraire à la nature vraie de la clause à ordre ; d'autre part, nous avons vu que la loi s'est efforcée d'assurer la libre circulation des effets de commerce et leur paiement régulier. D'ailleurs supposons que le porteur de bonne foi agisse contre un endosseur également de bonne foi, peut-on dire que l'action du porteur soit une action en dommages-intérêts?

En un mot, *dans l'effet de complaisance, la loi efface le contrat, mais elle ne peut supprimer l'acte matériel.* Or c'est justement lui qui vaut à l'égard du porteur de bonne foi. Le fait du souscripteur n'en subsiste donc pas moins, et ce fait l'oblige à payer le montant de l'effet au tiers-porteur. Il n'y a pas un contrat, il y a un acte, et de plus, mais indépendamment de cela, il peut y avoir un délit ou quasi-délit dont nous aurons à déterminer la nature.

1. Rapp. T. Comm. Carcassonne, 1er août 1895, Le Droit des 23 et 24 déc. ; Une autre théorie analogue parait ressortir d'un arrêt de Limoges du 14 juin 1898 (Rec. Riom et Limoges, 1898, p. 295) d'après lequel « le porteur de bonne foi d'un effet de complaisance a contre son endosseur une action sinon en garantie d'une créance qui, faute de cause n'existe pas, du moins en répétition du prix d'une cession qui, faute d'objet, n'a pu s'opérer ». On y opposerait les mêmes objections que celles que nous avons soulevées.

III. *Avantages que donne la bonne foi.* — Le tiers-porteur de bonne foi pourra légitimement agir contre le tiré, le tireur ou souscripteur et les endosseurs pour exiger le paiement intégral de l'effet, ou obtenir un dividende ; il produira à la faillite de l'un d'eux sauf à recourir pour le reste contre un autre, et réciproquement il peut demander son paiement à l'un et produire, éventuellement pour le tout ou sauf mémoire, à la faillite de l'autre. Si le tiré et le tireur sont en faillite, il produira à la faillite de qui il voudra ; on ne saurait le forcer à poursuivre d'abord la masse du vrai débiteur. Il exerce dans toute sa force, le droit qu'il a acquis par l'endossement régulier de l'effet. A défaut d'intérêt pour lui (1) il en est un pour les créanciers des masses de faillite; la masse qui aura dû payer un dividende, bien qu'elle n'ait point profité de l'effet, éprouvera un préjudice puisque l'application de la règle « *In pari causa, melior est causa possidentis* » rendra son recours impossible. Le droit du porteur de bonne foi est tellement absolu que nous le croyons en état de prétendre poursuivre le mandant lorsque le mandataire qui signe des effets de commerce, souscrit sans autorisation des valeurs de complaisance (2).

De même toute partie à la convention illicite dont l'objet est la création d'effets de complaisance, ne sera pas recevable à invoquer la déchéance dont l'art. 168 C. com. frappe le porteur négligent (3).

1. Quelle que soit la faillite à laquelle il produise en premier lieu, quel que soit le taux des dividendes de chaque faillite, le montant de sa production sera toujours le même ; il y a là une constante.

2. *Contrà*, Paris, 22 avril 1863, J. Trib. Com. 1867, 21 (décision d'espèce).

3. V. *infrà*, p. 113.

IV. *Qui est porteur de bonne foi.* — Est de bonne foi tout porteur qui n'a obtenu le remise des effets que moyennant une somme d'argent ou une prestation quelconque, et qui a ignoré le vice qui affectait le droit primitif de sou endosseur ou cédant. On ne peut pas dire que le seul fait d'avoir fourni la valeur témoigne de l'ignorance du vice initial de l'effet, ce n'est qu'une présomption *juris tantum* ; le porteur pour la valeur peut n'être pas de bonne foi.

1° *Valeur fournie.* Le bénéficiaire, le porteur peut être un banquier, un commerçant qui a accepté l'effet, à l'escompte. Ce peut être un créancier qui n'a consenti à accorder un prêt, à livrer des marchandises, à concéder un délai que contre remise d'effets. L'endossement dont naît le droit du porteur de bonne foi est donc soit translatif de propriété, soit à titre de garantie (1).

2° *Bonne foi.* Elle consiste à avoir ignoré la nature véritable des effets acquis.

La bonne foi doit exister, au moment de l'endossement, elle est présumée, et ne tombe que devant la preuve contraire. Il importe peu, qu'avant l'échéance, le tiers porteur ait su ce qu'il en était, *mala fides superveniens*, et le fait qu'il l'a su avant l'échéance, n'implique pas qu'il l'ait même soupçonné au moment de la négociation. C'est, en effet, à l'époque de l'endossement que le droit se fixe sur la tête du porteur. S'il a cru à une sérieuse opération commerciale cachée sous la traite ou le billet, il a compté sur le paiement, l'échéance venue, et la découverte postérieure du vice de son titre est un accident qui n'influera pas sur son droit.

1. T. Com, Havre, 24 déc. 1890 ; Rec. J. Havre, 91. 1. 19 ; Rouen, 19 déc. 1891. Rec. J. Havre, 92. 2. 88.

§ 2. **Porteur de mauvaise foi**. — I. Le principe de la nullité absolue s'applique au tiers porteur de mauvaise foi. Il ne saurait invoquer l'effet énergique de l'endossement.

Pour que l'endossement produise son plein effet, la bonne foi est nécessaire. En l'absence de cette condition de fond, la convention originaire qui blesse l'ordre public réapparaît, en même temps que « l'acte » s'efface. Le porteur de mauvaise foi adhère à cette convention illicite. On ne doit plus alors parler du caractère en quelque sorte abstrait de la clause à ordre, le porteur ne présume point l'existence d'une créance. Pour lui, l'effet ne vaut plus ce qu'il paraît être, puisqu'il sait que le bénéficiaire a pour but de se procurer des ressources en éludant la loi, ressources à l'aide desquelles souvent il cherche à retarder le dépôt de son bilan. Soit qu'il ait cru que des parties feraient honneur à leur signature ou qu'il ait eu confiance en leur loyauté soit qu'il n'ait été qu'un complaisant intermédiaire ou un complice pour assurer le recouvrement, il n'a aucune action pour se faire payer le montant de la traite ou du billet de complaisance, aucun droit de produire à la faillite de l'un des signataires (1).

II. Cependant le porteur établit qu'il a, de ses deniers, acquis l'effet. C'est alors qu'intervient la théorie du porteur pour la valeur : faisant prévaloir le caractère abstrait de l'effet de commerce, on admet qu'il suffit que le porteur

---

1. Cass. Req. 31 janv. 1849, D. 49. 1. 144 ; Req. 19 mars 1878. S. 79. 1. 76 ; Paris, 27 oct. 1892, D. 93. 2. 271 ; Nancy, 31 janv. 1893, S. 93. 2. 95. D. 93. 1. 134 ; Pand. fr., 93, 2, 106 ; Riom, 27 juill. 1894, Rec. Riom et Limoges, 1894, p 138 ; Douai, 19 mai 1895, Juris. Douai, p. 95, p. 320 ;

prouve avoir fourni une valeur en échange de l'effet qui répondait aux conditions de forme requises. Sans chercher si cette théorie est d'une application possible dans certains cas, nous ne pouvons que la rejeter ici (1). M. Dramard (n° 98) se refuse à admettre le caractère que nous avons donné à la clause à ordre, parce qu'il craint que le tiers-porteur de mauvaise foi n'y trouve un argument qui soit de nature à leur permettre une action en recours fondée sur l'effet. En réalité, il semble avoir craint le « porteur pour la valeur » ; mais ce que nous avons dit des effets de l'endossement, ne suffit pas à réfuter cette théorie du porteur pour la valeur, dans laquelle le côté subjectif, intentionnel a disparu pour ne laisser place qu'au point de vue purement objectif et matériel. Il n'est même pas besoin de faire intervenir une idée de faute ou de fraude (2). On n'inflige pas une déchéance, on n'établit pas une pénalité, « en raison de la complicité et de la participation à un acte illicite », on ne fait qu'appliquer les règles de l'endossement.

Cas. Req. 28 juillet 1897, D. 97. 1. 607. Et s'il a été admis, les créanciers de la masse peuvent demander la nullité de son admission tant qu'il n'y a pas un jugement passé en force de chose jugée. — D'ailleurs il pourrait être obligé à restituer les effets au tiré, Cass. 8 fév. 1892, S. 92. 1. 197, D. 94. 1. 39 ; Pand. fr. 93. 1. 62.

1. Massé, *Le droit commercial*, t. IV, n° 133 ; Lyon-Caen et Renault, t. IV, n° 131 ; Thaller, n° 1462.

2. La faute ne peut donner lieu qu'à une action en dommages intérêts, elle ne saurait être une fin de non-recevoir à l'action du porteur. Il y aurait alors possibilité d'écarter le tiers porteur pour la valeur, notamment au cas de faillite du tiré, la masse pourrait prétendre que le porteur a commis un délit ou quasi-délit civil, engageant sa responsabilité et comme réparation, elle demanderait le rejet de sa production. — La fraude ferait naître une fin de non-recevoir.

Nous n'accorderons donc pas d'action en répétition au porteur qui prouve avoir fourni les fonds de l'effet, bien qu'il ait eu connaissance du vice de son émission. En somme on le traitera suivant les principes que nous avons appliqués entre les parties ; on retrouve ici les mêmes questions et les mêmes solutions, les mêmes théories sont possibles. La situation du porteur pour la valeur est le plus souvent identique à celle du tiré complice qui a dû payer. On pourrait objecter que refuser l'action en répétition, c'est faire supporter les conséquences des effets de complaisance à d'autres que ceux qui sont les vrais coupables. Nous répondrons *en fait*, — ayant examiné la question *en droit*, — qu'accorder une action de change au porteur pour la valeur, en une action en répétition serait faciliter grandement la circulation de complaisance, et nuire au crédit commercial.

Toutefois il faut reconnaître au « porteur pour la valeur » le droit de réclamer aux parties l'*in rem versum*, mais comme nous l'avons dit, c'est un moyen bien précaire, par suite de l'exigence de la preuve qu'il a amélioré la situation du débiteur ou que la masse de celui-ci en a profité ? Il n'aurait pas plus de droits si, sachant le but poursuivi, connaissant l'état embarrassé des affaires du débiteur, il a cru le sauver en lui permettant de reculer une échéance, d'obtenir un délai. On ne peut pas dire que c'est empêcher de venir au secours d'un commerçant. Celui qui veut l'aider a bien des façons de le faire sans recourir à un procédé répréhensible, — d'autant plus que connaissant la situation, il a dû entretenir la possibilité d'une perte. Nous nous étendrons à ce sujet en traitant de la responsabilité des banquiers.

De même aussi, le porteur pour la valeur étant en faillite
ses créanciers ne pourraient se présenter comme porteurs (1), mais la masse de sa faillite pourrait invoquer un
droit d'action en répétition ou en réparation du préjudice
éprouvé contre le tireur ou le tiré, sauf l'application de la
maxime *In pari causa melior est causa providentis*, s'ils sont
également en faillite.

III. *Qu'est-ce que la mauvaise foi?* —La notion de mauvaise
foi n'exige pas une fraude, une entente avec les parties.
Elle suppose seulement qu'en prenant l'effet, le porteur n'a
ignoré ni son caractère, ni son but. C'est quelquefois un
tiers à qui le tireur ou bénéficiaire n'a endossé l'effet que
pour exercer une action contre le souscripteur ; ce dernier
lui opposera sa qualité de porteur de mauvaise foi.

C'est au débiteur qu'il incombe de prouver la mauvaise
foi, et jusqu'à preuve contraire, le porteur est présumé de
bonne foi. Ce qu'il lui faut démontrer, c'est : 1° que l'effet
est un effet de complaisance ; 2° que le porteur en a connu
le vice.

Nous supposons établi qu'il est intervenu une convention illicite, originaire des effets, entre les parties.

Quant à la mauvaise foi elle-même, elle doit être claire-
ment démontrée, et c'est une matière laissée à la souveraine
appréciation du juge, d'après les circonstances de fait. Tous
les moyens de preuve sont possibles, mais comme on ne
peut guère songer à la preuve écrite (2) ou testimoniale, il

---

1. Bordeaux, 6 mars 1868, sous Cass , 17 janv. 1870. S. 70.1.217 ; D. 70.
1.102.

2. Les livres ou la correspondance des parties seront d'un faible secours.

convient surtout de s'entendre sur la portée des présomptions simples. On a prétendu que le refus d'action en recours imposé au tiers porteur était une pénalité, que comme tel, il fallait faire de la mauvaise foi une condition rigoureuse, dont la preuve impérieusement exigée, s'imposât inéluctablement (1). Il faudrait plus que la conviction du juge, sa certitude serait nécessaire ; ce serait écarter les présomptions même graves, précises et concordantes. Cette opinion n'est pas exacte puisqu'il n'y a pas ici de pénalité. D'ailleurs elle rendrait souvent impossible la preuve de la mauvaise foi. Elle serait un acheminement vers la théorie du porteur pour la valeur qui, après avoir été repoussée sur le terrain des principes, rentrerait indirectement et inopinément par le système des preuves. Mais si une preuve inéluctable n'est pas requise formellement, il ne suffirait, certainement pas que l'on ait soupçonné la nature de l'effet, par exemple en raison des liens de parenté ou d'amitié qui unissent les parties, sans quoi ce serait rendre difficile la circulation des effets de commerce. De la diversité des professions commerciales des signataires, il n'est pas toujours nécessaire de conclure au caractère illicite des effets ; encore bien qu'il en ait été ainsi, le porteur a pu croire à une simple simulation de valeur, cachant la cause réelle et licite. Mais au cas de renouvellements, à plusieurs échéances, le porteur ne peut plus, invoquer sa bonne foi lors de l'escompte des premiers effets, ni exciper de son ignorance, principalement si ce n'est pas le tiré qui a demandé le renouvellement, ou s'il a su que

1. Limoges, 14 juin 1898, Rec. Riom et Limoges, 98. p. 295.

les fonds étaient faits par le tireur : ces renouvellements ne sont en vérité que des créations successives d'effets, acquérant successivement leur caractère réel à l'égard des porteurs. La preuve de la connaissance par le porteur, de l'absence de provision, du défaut de cause ne suffirait pas puisqu'elle permettrait une action de change en faveur du porteur, une action en recours entre les parties, — non plus que la preuve du fait qu'il était impossible que le porteur fût créancier de son cédant pour une somme quelconque (1).

Le juge doit s'abstraire des révélations postérieures. Il ne saurait en faire la base de sa décision, car un ensemble de faits peut frapper l'attention, alors que pris isolément, ces faits semblent répondre à une situation embarrassée peut-être, mais non équivoque et ne pas permettre d'en induire à une circulation de complaisance.

Les mêmes règles s'appliquent aux endosseurs. — De même que pour l'expression de l'obligation du tireur dans la lettre de change, de même l'obligation de l'endosseur est indépendante des rapports existant entre les parties et qui servent de base au transfert. L'obligation de l'endosseur repose sur l'endossement lui-même.

De bonne ou de mauvaise foi, l'endosseur peut opposer au porteur sa mauvaise foi. Cependant si endosseur de mauvaise foi, l'émission de l'effet avait été faite en sa faveur, le porteur de mauvaise foi pourrait lui réclamer l'*in rem versum*.

L'endosseur de bonne foi, poursuivi par un porteur qui

1. Paris, 9 fév. 1892, Gaz. Palais, 92.1.552.

n'a pas su ce qu'était l'effet, exercera un recours valable contre les parties et les endosseurs précédents, vis-à-vis desquels il apparaîtra comme porteur de bonne foi. Entre deux endosseurs de bonne foi, ce sera le premier en date qui supportera la perte, l'autre ayant pu compter non seulement sur la valeur propre de l'effet, mais surtout, peut-être uniquement sur la solvabilité et la garantie personnelle de l'endosseur précédent. L'endosseur de mauvaise foi ne peut recourir contre ceux qui ont profité du tirage de l'effet ; entre deux endosseurs de mauvaise foi, ce sera pour celui qui aura été poursuivi en paiement que sera la perte.

B. — *Donneurs d'aval et cautions.* — Le cautionnement d'un effet de complaisance se traduit en pratique par l'aval. Le titre lui-même le constate, il n'en est pas indépendant, qu'il se révèle par les expressions propres à constituer un aval ou qu'il apparaisse sous la forme d'un endossement en blanc (1). D'ordinaire, le donneur d'aval est un tiers qui n'intervient que pour procurer au preneur de l'effet de complaisance les sûretés qui manquaient pour en assurer le paiement (2) ; il cautionne une dette ayant une cause, puisque cette dette oblige le tiré et le souscripteur, par le fait de la création de la traite ou du billet, envers les endosseurs et les porteurs en raison de leur bonne foi. Il se verra soumis aux règles qui régissent les droits et obliga-

---

1. Cass. Req., 10 juill. 1895, D. 96.1.570 ; Pand, F., 97.1.437 ; S. 99, 1.460.

2. Nous avons vu que l'obligé principal peut se cacher sous le titre d'avaliseur.

tions du porteur ; on transportera ici la distinction entre la
bonne et la mauvaise foi. De bonne ou mauvaise foi, il
pourra opposer au porteur qui le poursuit, la connaissance
que celui-ci a eue, au temps de l'endossement, de la nature
des effets ; mais sa bonne foi lui servira, lorsqu'il aura dû
payer un tiers porteur vis-à-vis duquel il était obligé, car il
pourra recourir contre les parties et produire à leur faillite (1).

Mais ne faut-il pas se préoccuper de la situation de celui
en faveur de qui l'aval intervient? Nous croyons que la
bonne foi de celui-ci profitera au donneur d'aval qui a les
les mêmes droits que celui dont il garantit la signature, et
que sa mauvaise foi ne nuira pas au donneur d'aval qui
lui, se trouve avoir ignoré la convention contraire à l'ordre
public, à laquelle celui qu'il cautionne est intervenu ou a
adhéré. Cette dernière conséquence n'infirme pas la règle
d'après laquelle tous ceux qui peuvent agir contre le débiteur peuvent agir contre la caution solidaire ; il en résulte
simplement que, obligé de payer un porteur de bonne foi,
le donneur d'aval agira en recours contre celui qu'il a
garanti.

On pourrait supposer que, dans un compte-courant joint
à une ouverture de crédit et cautionné par un tiers, soient
compris des effets de complaisance. La condition sauf
encaissement qui est sous-entendue, pourrait être invoquée
par la caution qui, à défaut du créditeur en réclamerait le
bénéfice (2).

1. Cass, Req., 8 juin 1891, S. 92.1.439, D. 92.1.236 ; Pand, F. 92.1.157.
2. Lyon-Caen et Renault, t. IV, n° 810.

C. — Conséquences indirectes résultant des effets de complaisance.

Les effets de complaisance peuvent avoir des conséquences indirectes. Comme ils sont créés en violations de la loi, il n'est plus permis aux parties d'invoquer le bénéfice des dispositions de faveur que le législateur a édictées au profit des commerçants plus malheureux que malhonnêtes ; et le préjudice que cause l'emploi de pareilles valeurs est susceptible de se traduire, en matière civile, sous la forme de responsabilité délictuelle ou quasi-délictuelle de celui qui s'en sert ou aide à s'en servir.

Déchéances. — *a*). Un non-commerçant qui signe des effets de complaisance peut-il se voir attribuer la qualité de commerçant ? La question se pose surtout pour la lettre de change qui, en elle-même, est un acte commercial, et l'intérêt en réside notamment en ceci, que c'est au commerçant seul que s'applique la faillite et les peines de la banqueroute. Les lettres de change sont réputées actes de commerce (art. 632 C. com. dern. al.), le fait d'en tirer ou d'en accepter ne suffit pas pour devenir commerçant, à moins qu'il n'y ait eu dans leur négociation un but de lucre et qu'elles ne soient renouvelées à tel point qu'on puisse les considérer comme des faits habituels (art. 1 C. com.). Cette règle s'applique aux effets de complaisance (1).

b). *Faillite d'office*. Les juges n'ont pas à se préoccuper des moyens employés par le débiteur pour conserver son

1. Nîmes, 7 juill. 1882, J. Faill., 82, p. 606 ; Brux., 25 juill. 1898, Pas. 99.2.80.

crédit, il suffit que ce crédit existe, mais ici, l'intérêt public est en jeu et les tribunaux de commerce peuvent déclarer *d'office* la faillite d'un individu qui ne soutient sa situation que par une circulation de complaisance ou par l'intermédiaire de banques d'échanges. Il y va de l'intérêt public et aussi de l'intérêt commun des créanciers (1).

c). Époque de la cessation des paiements. La cessation des paiements est un état de fait dont l'appréciation est abandonnée aux Tribunaux sans que la loi la subordonne à aucune condition déterminée. Il importe peu qu'elle ne soit pas révélée par les signes extérieurs qui la dénotent habituellement, tels que protêts, poursuites judiciaires... Elle est suffisamment caractérisée par l'impossibilité réelle où se trouve le commerçant de satisfaire d'une façon normale et effective à ses engagements, comme s'il ne soutient son crédit que par une circulation d'effets de complaisance (art. 437 et 441 C. com.). La faillite pourra donc être reportée au jour où la circulation a commencé et où la plupart du temps la vie commerciale du failli, aura cessé, car les juges doivent discerner l'état réel des affaires du failli, même à un moment où il conservait encore les apparences de la solvabilité (2).

1. T. Com. Seine, 21 août 1878, J. Trib. Com., 1879, p. 8. Discours du Président Baudelot, Gaz. Trib., du 19 janvier 1879 ; Lyon-Caen et Renault, t. VII, n° 56 ; Boistel, n° 895.

2. Besançon, 30 mars 1887, J. Faill. 87, p. 221 ; Toulouse, 29 déc. 1887, J. Faill., 88, p. 234 ; Angers, 7 mars 1893, J. Faill., 93, p. 208 ; T. Com. Moulins, 1er août, 1893, J. Faill., 94, p. 469 ; Riom, 19 juin 1894, La Loi, 1894, p. 913 ; T, Com., St-Etienne, 28 fév. 1899, Ann. D. Com.99, p. 254 ; *Contrà*, Bourges, 18 août 1845, S. 47.2.45 ; D. 47.2.182 ; Cass.Req., 16 nov. 1846, D. 52.5.273. Comp. Cass. Req. 31 octobre 1898, S. 1900.1.23.

d). Refus de la liquidation judiciaire. La liquidation judiciaire est une mesure dont le bénéfice doit être réservé aux seuls commerçants dont la bonne foi est demeurée intacte et l'emploi d'effets de complaisance est bien un agissement incorrect qui ne laisse pas subsister la bonne foi requise (1).

e). Refus d'homologation du concordat. L'émission de valeurs de complaisance est de nature à motiver le refus de l'homologation du concordat, parce qu'elle va à l'encontre de l'intérêt public, mais il appartient aux juges de décider souverainement de l'admission ou du refus, d'après les faits de la cause (2).

f). Règles inapplicables aux effets de complaisance. 1° Le porteur d'un effet de commerce est déchu de tous droits contre les endosseurs quand il néglige de le faire protester ou de dénoncer le protêt régulièrement dressé (art. 168 C. com.). Mais cette déchéance ne peut être invoquée que par les endosseurs réels. Elle ne sera pas opposable de la part d'un endosseur fictif ou complice, ou qui est en réalité le débiteur principal. La déchéance ne s'appliquera, en matières d'effets de complaisance, que si l'endosseur et le porteur sont de bonne foi et seulement à l'égard de cet endosseur, quel que soit d'ailleurs le titre sous lequel se cache le

1. Si le débiteur, en liquidation judiciaire a été condamné pour banqueroute d'après l'art. 585 3°, le Tribunal doit déclarer la faillite (art 19, al. 2, loi du 4 mars, 1889) ; Paris, 19 nov. 1890, Pand. Fr. 91,2,33.

2. Discours du Président Baudelot, précité ; T. Com. Seine, 14 août 1878 J Trib. Com., 78, p. 293 ; *Contrà*, T. Com. Seine, 28 juin 1883, J. Faill., 84, p. 530.

véritable obligé (1). Voir aussi l'art. 170. 2° Le cessionnaire
d'un effet endossé après l'échéance ne peut se voir opposer
le caractère de complaisance que s'il est de mauvaise foi ;
on le considère à l'égal de tout autre porteur (2).

Responsabilité des complaisants. — I. Sans prendre
d'engagement sur les effets, sans accepter les traites ,des
personnes favorisent la mise en circulation d'effets de complaisance.

Un commerçant gêné ou insolvable tire sur une personne des lettres de change sans qu'aucune opération commerciale ne soit intervenue entre eux. Le tiré en ignorera
d'autant plus facilement l'existence, que ces lettres de
change seront déclarées non-acceptables et peut-être domi-
ciliées dans une banque; il ne peut être question de responsabilité. Même si le tiré venait à l'apprendre, le porteur ne pourrait encore prétendre à aucun droit contre lui,
puisqu'il n'a pas accepté, qu'il ne doit rien et qu'on ne peut
lui imputer aucune faute. Chacun est exposé à voir tirer
sur lui des effets fictifs, il est si facile aux gens peu scru-
puleux de tirer une lettre de change sur qui bon leur
semble : le soi-disant tiré n'aura qu'à laisser protester (3).

1. Orléans, 20 fév. 1850, D. 50.2.54, Paris, 21 août 1855, J. T. Com. 55,
p. 353. Parmi les arrêts récents, Grenoble, 6 janvier 1891, D. 93.2.521 ; Paris, 8 Fév. 1894, D. 95.2.94. Comp. Horson, *Quest. sur le C. de Com.* t. II,
p. 83 et 89.

2. Lyon-Caen et Renault, t. IV, n° 135 ; V. Lyon, 17 déc. 1891, J. Faill.
92, p. 268. Il en est autrement en Belgique, d'après l'art. 26 de la loi du 20
mai 1872, le droit se fixe sur la tête du porteur au moment de l'échéance et
c'est celui-ci qu'il faut considérer (T. Com., Anvers, 3 nov. 1891, Juris.
Anvers, 93.1.341.

3. En admettant qu'il ait déjà payé avec les fonds, envoyés, sans intention
de nuire aux tiers, mais plutôt dans le but d'obliger un ancien correspondant,

Mais si le tireur renouvelle à différentes reprises ce procédé, et si le tiré devient un complaisant qui sans mettre son acceptation sur les effets, tolère le tirage pratiqué sur lui ou l'autorise tacitement en remboursant les traites avec les fonds qui lui sont envoyés à chaque échéance, ne contribue-t-il pas à induire en erreur les preneurs des effets? Sans y prendre une part active, il facilite la circulation, ne doit-il pas en être reconnu responsable quand l'envoi des fonds par le tireur vient à manquer? Ici non plus, il n'a pas accepté, il ne doit rien au tireur, mais il a laissé croire à un courant d'affaires sérieuses, réglées par des effets réguliers, entre le tireur et lui. Son nom aura souvent inspiré confiance et parfois on n'aura espéré qu'en son crédit et sa solvabilité! Sa complaisance le constitue en faute et l'associe aux manœuvres frauduleuses du tireur. Le tiré qui paye avec les fonds que lui remet le tireur des traites nombreuses, successivement et régulièrement renouvelées, paye ce qu'il ne doit pas. Il n'y a pas seulement imprudence de sa part, il prête son aide à l'émission des effets, en d'autres termes il commet un délit ou quasi-délit civil engageant sa responsabilité vis-à-vis des tiers qui, en acquérant les effets, éprouvent un dommage par suite du non-paiement. Les conditions exigées par l'art. 1382 sont remplies. L'escompteur ou le porteur de bonne foi seront

un ami, et que le tireur continue sa pratique, le tiré pourra élever une protestation. On a vu des personnes, craignant d'encourir une responsabilité, signifier au tireur de cesser ses procédés : c'est superflu, ce sont des frais inutiles. Il suffit d'avertir le porteur par lettre ou autrement ou d'indiquer dans le protêt comment les fonds sont parvenus et de les remettre à l'huissier ou de les renvoyer au tireur. Bruxelles, 2 juin 1893. Pas. 93.3.329.

indemnisés de la perte qu'ils ont subie, et comme le préjudice qui leur est causé est égal au montant des traites fictives, ce sera le montant qui devra leur être payé, de telle sorte que, finalement, la complaisance du tiré à payer avec les fonds à lui envoyés, l'obligera à payer de ses propres fonds bien qu'il n'ait pas été réellement partie à l'effet.

Toutefois cette responsabilité ne dégage pas l'escompteur de toute surveillance, de toute prudence, — même elle s'atténuerait en raison des circonstances, comme si le nombre et le chiffre de ces effets comparés à l'importance du commerce du tiré aurait dû éveiller l'attention par leur disproportion (1).

Si le tiré n'a pas connu l'abus fait de son nom, on le déclarera recevable à prétendre rendre le tireur responsable du dommage qu'il a pu éprouver par l'atteinte portée à la solidité de sa situation (2).

II. Celui qui souscrit ou accepte des effets de complaisance est obligé de les acquitter entre les mains du porteur de bonne foi ; il peut de plus avoir porté préjudice aux

1. Com., Havre, 25 août 1886, et 20 août 1888. Juris., Havre, 86. 1. 196 et 89. 1. 214. — La jurisprudence belge est abondante. V. dans les Pandectes belges. Encyclopédie, v° Eff. de complaisance, n°s 34 et s. Adde Brux. 16 nov. 1888. Pas. 89. 2. 23, et 18 juillet 1893. Pas 94. 2. 29 Ann. D. com. 96 p. 23 nov. T. Anvers, 9 mai 1895. J. Anvers, 95. 1. 310 ; Com. Gand, 18 déc. 1897. Jur. des Flandres 98. p. 88. — Rapprochez en France le cas où une personne sachant que des effets circulent, portant sa fausse signature est déclarée responsable si, à chaque échéance, elle les paie ou fait payer au moyen des fonds à elle adressés par le tireur. — Com. Lyon, 8 oct. 1883 J. Havre, 87. 2. 42 ; Com. Havre, 6 déc. 1892 J. Havre, 93. 1. 44 ; à moins de motifs légitimes (Toulouse, 10 fév. 1894. Rev. de d. com. 94. p. 318).

2. Com. Seine, 1er mai 1897. Le Droit du 23 mai..

créanciers postérieurs de celui en faveur de qui les effets sont souscrits. Ces créanciers, postérieurs à la création des effets, sont entrés en relations d'affaires avec le tireur ou bénéficiaire, sur la foi de son crédit apparent. Ce complaisant n'est-il pas responsable à leur égard d'un délit ou quasi-délit commercial ?

Le dommage éprouvé est démontré par cela même que le débiteur n'a pas satisfait à ses obligations. La faute du complaisant est d'avoir trompé le public, elle est d'avoir permis à un insolvable de continuer ses affaires, grâce à une apparence trompeuse de prospérité, d'avoir amené une personne à contracter avec un commerçant qui n'était pas digne de crédit. Elle se relie intimement au dommage causé qui en est une suite nécessaire.

Le droit d'intenter une action en dommages-intérêts est donc accordé au créancier, alors même que tous les effets sont payés, dans tous les cas où une corrélation directe est établie entre la circulation fictive et le crédit consenti (1). On accordera réparation du préjudice que les agissements du tiré ou souscripteur ont causé, réparation de la perte subie par le créancier, mais c'est à ce dernier à établir le rapport de cause à effet entre la faute et le dommage pour justifier la responsabilité (2).

1. Les administrateurs d'une société qui pratiquent une circulation de complaisance, engagent leur responsabilité envers les actionnaires et les tiers qui n'y ont pas participé et en ont subi un préjudice. Cass, 24 janv. 1870, D. 70. 1. 177 ; S. 71. 1. 175.

2. Dramard, n° 155 : Paris, 4 juin 1875, Jur., Havre, 76, 2, 42. — Un jugement du T. de Com. de Carcassonne, 1er août 1895, (Le Droit des 23 et 24 décembre), dans lequel la prétention était émise par le syndic de la faillite du tireur de rendre les accepteurs complaisants responsables du préju-

Cette responsabilité ne se comprend que pour les effets de complaisance, qui seuls ont pour caractère de heurter et de violer la loi, ce qui est de l'essence du délit ou du quasi-délit. La Cour de Lyon, dans son arrêt du 3o mars 1897 (1), en validant des valeurs de circulation, a refusé à juste titre aux créanciers, d'agir en dommages-intérêts en vertu de l'article 1382 contre le créditeur, parce qu'en soutenant un tiers de son crédit et de son argent, en venant au secours d'un débiteur tout en défendant ses propres intérêts, on ne fait qu'user d'un droit incontestable : *Neminem lædit qui suo jure utitur.*

Législations étrangères

Angleterre. — A. *Effets entre les parties.* — La personne en faveur de qui la complaisance a eu lieu et qui se trouve porteur à l'échéance, ne peut agir contre le complaisant pour lui réclamer le montant de l'effet, sans se voir valablement opposer l'exception de complaisance qui n'est qu'une forme de l'*exceptio doli.* C'est qu'il est intervenu entre les parties une convention en vertu de laquelle le complaisant a apposé sa signature au bas d'un effet sans avoir reçu de valeur, mais par laquelle aussi le « complu » (accommodated party)

---

dice que la masse a subi en raison de la circulation d'effets, n'a pas statué au fond. Il ne s'est occupé que de la question de compétence et s'est déclaré incompétent parce que le fait de souscrire des valeurs fictives n'est pas un acte de commerce puisque ces valeurs sont nulles pour défaut de cause, et ne se rattache pas davantage aux rapports commerciaux ayant existé entre les parties puisque ces négociations sont interdites au nom de l'intérêt du commerce et de sa moralité. Paris, 15 nov. 1848 D. Répert. vº Oblig. nº 728. — Comp. Liège, 15 mai 1895 ; Pas 95. 2. 385.

1. D. 97. 2. 385.

s'est engagé à lui fournir les moyens de payer à l'échéance, ou à rembourser lui-même l'effet, ou enfin à indemniser le complaisant des suites du non-paiement.

Si le « complu » remplit son engagement, chacun a satisfait à ses obligations, chacun est libéré. L'effet est payé par la personne en dernier lieu responsable ; et si le complu fait les fonds puis tombe en faillite avant l'échéance, le complaisant n'en garde pas moins l'argent qu'il a reçu pour le consacrer à retirer sa signature (1).

Si le complaisant a dû payer le porteur, comme il n'est qu'une caution, il peut recourir contre le vrai débiteur, à moins que dès le jour du tirage de l'*accommodation bill*, il en ait lui-même tiré un autre pour être garanti (*mutual accommodation*). En exerçant son action en recours, il n'intente pas une *condictio indebiti*, il y a eu un paiement d'une somme qui n'était pas réellement due, mais ce paiement avait été conçu comme possible. Ce n'est pas sur la traite où le billet qu'on fondera l'action. La créance, base du recours, est née le jour du paiement ; de ce paiement surgit la dette, mais toutes les obligations nées de l'effet sont éteintes. Le complaisant invoque la convention primitive et son action provient non du droit de change mais du droit commun, puisqu'elle survit à la libération de la dette (2). Il n'est qu'une caution et comme le consentement du débiteur à ce qu'une caution s'oblige pour lui renferme un contrat tacite de mandat, il agira en justice, par l'action *mandati contraria*, qui se traduit par une action « for money paid »

1. Chalmers, *Bills of exchange*, p. 205 et 206.
2. Thomson, *Law of bills of exchange*, 237 ; Barclay : *Les effets de commerce en droit anglais*, p. 36.

ou « for money had and received », dont le but est le remboursement des avances qu'il a faites pour le « complu ». Aussi, le montant du recours comprendra-t-il, outre la somme portée sur l'effet, tous les frais payés par le complaisant, suivant des règles analogues aux articles 1999 et 2000 du C. c. français. Si le complu est en faillite, le complaisant produira à sa faillite en vertu de cette action, sans pouvoir invoquer l'effet (1).

La détermination de la nature de l'*accommodation bill* a son importance. En tant que *caution*, et tout en conservant vis-à-vis du porteur la qualité qu'il a prise sur l'effet, le complaisant se verra soumis aux règles applicables à ce genre de sûreté. Les conséquences en sont importantes :

1° Poursuivi, le complaisant peut demander au créancier porteur d'exercer d'abord son droit sur une sûreté réelle, déposée par le complice pour assurer le paiement ;

2° Si plusieurs personnes ont accepté sans cause de valeur, celle qui aura payé, en cas d'insolvabilité du débiteur réel, les poursuivra en recours, comme cela a lieu entre cofidéjusseurs, sans tenir compte de la place de leurs noms sur l'effet (2) ;

3° Si le porteur de « mauvaise foi » ne fait pas dresser de protêt, le complaisant est délié à la seule condition de prouver cette qualité : le complu reste tenu puisqu'il est le vrai débiteur ;

---

1. La prescription de l'action «for money paid » court à dater du paiement, à moins de paiement avant l'échange auquel cas elle partirait du jour où l'effet était payable. Chalmers, p. 292 ; Daniel, *Négotiable Instruments*, § 532, t. I.

2. Chalmers, p. 196 ; Thomson, p. 238 et 239.

4° Si le porteur donne décharge au débiteur principal ou lui accorde terme ou délai, sachant que l'effet n'a été signé que par complaisance, l'accepteur, tireur ou endosseur, simple caution, se trouve déchargé, puisque sa position serait changée et sa responsabilité prolongée.

Quant à la preuve, il est plus ou moins d'usage de se faire donner par le tireur une reconnaissance écrite de la transaction après la promesse du complu ; en l'absence d'une écrit, le serment reste souvent le dernier secours.

B. *A l'égard des tiers.* — Le porteur peut poursuivre tel partie qu'il veut, et le caractère de l'effet ne lui sera pas opposable, encore qu'il ait su que la signature avait été donnée par complaisance (art. 28, al. 2, Act de 1882). Il suffit qu'il soit porteur régulier, c'est-à-dire, qu'il ait pris contre une valeur l'effet paraissant complet, avant l'échéance et la notification du refus d'acceptation ou de paiement (art. 29, al. 1). Porteur pour la valeur, *holder for value*, il peut s'adresser à l'un quelconque des débiteurs indiqués sur l'effet ; il y a plus, il n'importe qu'il soit porteur avec ou sans cause de valeur (*considération*), s'il tient son droit d'un porteur régulier et s'il n'a participé à aucune fraude ou illégalité pouvant vicier son titre (art. 29, al. 2 et 3). Tout porteur d'un effet est présumé porteur *for value* ; à celui qui vient arguer de l'absence de valeur donnée, de le prouver. La charge de la preuve n'incomberait au porteur qu'au cas de soupçon d'emploi de moyens frauduleux pour obtenir l'effet (art. 29, al. 3). Si le porteur ne présente pas l'effet au paiement ou s'il manque de notifier le refus d'acceptation ou de paie-

ment ; il n'en conservera pas moins son recours contre le « complu » (article 46-2 et 5o-2) (1).

Mais les effets de complaisance servent à retarder une faillite. La plupart des gens menacés de ruine les emploient. Quels seront les droits respectifs du porteur et du complaisant ? Si le complu est en faillite le porteur produit à sa faillite et exerce son recours contre le complaisant, qui supportera définitivement la perte parce qu'une caution qui doit payer, après faillite au débiteur principal ne peut pas produire sur les biens du failli si le créancier a déjà produit. Dans tous les autres cas, on appliquera les principes exposés, en partant de la notion ci-dessus rappelée d'après laquelle le complaisant n'est qu'une sûreté.

III. *Mutual accommodation.* — En cas de circulation de complaisance, les droits du porteur sont ceux qu'il aurait eus pour tout autre effet, puisque l'effet a une cause de valeur. Tant que les signataires pourront tous soutenir leur situation et faire face à leurs obligations, bien que ce soit en les augmentant progressivement, rien n'apparaîtra de

1. Chalmers, p. 93 ; Byles, *Bills of Exchange*, p. 138. — Il n'y a donc pas à distinguer, comme en droit français, le porteur suivant qu'il est de bonne ou de mauvaise foi. Cependant la bonne foi chez le porteur for value, le fait d'avoir ignoré la nature des signatures, lui donne parfois des avantages. Dans les cas où le porteur connaît le caractère des effets, les règles propres aux effets de commerce, ne s'appliquent pas dans leur intégrité : si l'effet lui est négocié après l'échéance, il ne pourra pas poursuivre l'accepteur complaisant ; s'il décharge « l'accommodated party » s'il lui accorde un délai, il libère aussi l'accepteur ou l'endosseur complaisant. Il en eût été autrement s'il avait été de bonne foi, et dans ce dernier cas, il aurait conservé intacts ses droits à l'égard du complaisant. — Remarquons que le délai donné au complaisant ne profitera jamais au « complu ». Chalmers, p. 196, 219.

suspect, les porteurs n'éprouveront aucune difficulté. Mais il suffira qu'une des parties « à ces effets circulants » manque, tombe en faillite pour que tout s'écroule et que les autres signataires fassent aussi faillite. S'il n'y a plus d'effets en cours ou s'ils sont restés entre les mains du failli, le compte d'argent, *cash balance*, sera établi entre les participants à la circulation et la balance établira la créance. Si les effets sont négociés, on appliquera les règles du recours en matière de change et on se souviendra de ce fait que le débiteur principal est l'accepteur. Lorsque l'un des signataires est solvable, qu'il doit payer tous les effets parce que l'un des accepteurs est en faillite, il ne peut produire ni pour son acceptation puisqu'elle avait sa cause et qu'alors il n'a fait que s'acquitter de sa propre dette ni pour la somme qu'il a dû payer sur l'acceptation du failli si le porteur a déjà produit. Obligé de change, il n'était qu'une caution : il n'a donc que le droit de demander le bénéfice de la production après avoir payé le créancier, et l'on exige au préalable qu'il ait payé sa propre acceptation (1).

ALLEMAGNE. — A. *Entre les parties.* — Le tireur qui poursuit l'accepteur complaisant, en vertu de l'obligation née de l'acceptation de l'effet, se voit opposer l'*exceptio doli* (2). Il ne peut pas réclamer de l'accepteur, en paiement, ce qu'il devrait aussitôt lui rendre sous forme de couverture, *Deckung*. Si les parties ont convenu que l'accepteur ne

1. Byles, p. 468, 469 (décidé, en équité, par différentes cours, et finalement adopté par la cour du Banc de la Reine).

2. En droit italien, l'exception *di aver firmato per puro favore* est de même opposable au bénéficiaire Cass. Turin, 12 fév. 1884, dans Ugo Sorani, t. I. p. 107.

pourrait pas être poursuivi en vertu de son acceptation, que l'effet n'est que pour la forme, *Scheinwechsel, Proformawechsel*, le complaisant opposera l'exception de simulation (1). La preuve est à la charge de l'accepteur ; il ne lui suffit pas de prouver l'absence de valeur reçue, mais aussi qu'on se trouve dans un cas où le tireur est réellement obligé de le couvrir. D'ordinaire tacite, la convention de complaisance peut être constatée dans une contre-lettre (2).

Le complaisant a dû payer, le paiement du tiré, sur son acceptation, équivaut au propre paiement du tireur ; mais s'il y a eu complaisance, le tiré ne paie plus au nom du tireur, il paie comme obligé personnellement sur la traite, il accomplit l'obligation née de son acceptation (3). Le droit d'action du complaisant repose sur la convention entre les parties et sur le principe que nul ne doit s'enrichir aux dépens d'autrui. Il n'y a pas eu intention de donner : chaque partie s'engage, l'une à prêter son nom pour faciliter le crédit d'une personne, l'autre à restituer à l'acceptant la promesse faite dans son intérêt. Ce n'est pas une action de change, *wechselrechtliche Klage* ni une *condictio indebiti*. On a dit que c'était un *actio doli* résultant d'un fait non permis, correspondant comme action à l'*exceptio doli* opposable au tireur qui réclame le paiement (4). C'est une

1. Cosack, *Lehrbuch*, p. 309 ; R. O. H. G. (Reichsoberhandelsgericht) 5 oct. 1874. Entscheid. des R. O. H. G., t. XIV, p. 223.

2. Cosack, p. 308 ; R. O. H. G., 23 oct. 1875. Entcheid. des R. O. H. G. t. XIX, p. 251 ; R. O. H. G. 21 mai 1863, t. X, p. 111.

3. Grünhut, *Wechselrecht*, t. II, p. 6 et 7.

4. Schneider et Fick, *Das schweizerische Obligationrecht*. Zurich 1893, p. 172 et 875.

action en recours *Revalirungsklage*, fondée sur l'acceptation d'une dette d'autrui, et non une simple action de *in rem verso, Regressklage*. Le complaisant a donc une action valable, un droit certain qui apparaît après l'échéance, et il produira à la faillite de celui qu'il a aidé, pourvu que l'effet ait été tiré avant l'ouverture de la faillite et quoiqu'il ne l'ait payé qu'après, on pourra opposer la compensation avec une dette qu'il avait contractée envers le complu antérieurement à la faillite (1). Le paiement par l'acceptant ne produit pas un nouveau rapport juridique, c'est simplement l'accomplissement de la condition dont dépendait l'obligation de restitution du tireur, d'après l'accord antérieur intervenu avant l'ouverture de la faillite.

Si le porteur produit à la faillite du tireur, puis recourt contre l'accepteur, celui-ci peut produire à la faillite pour ce qu'il a dû payer, alors même que le porteur aurait accordé la remise de la dette au tireur : il a transigé sur le montant de l'effet, en vertu du droit de change, mais n'a pas touché à l'action en recours, de droit civil, de l'acceptant (2).

B. *A l'égard des tiers.* — Débiteur principal, l'accepteur ne peut opposer aux tiers l'exception du défaut de couverture, *die Einrede mangelnder Deckung*, alors même qu'il prouverait qu'au moment de l'endossement, le porteur a su le caractère de complaisance, si celui-ci a fourni la valeur, il n'y a pas dol de sa part, il n'a pas à rechercher

1. R. O. H. G. 7 juin 1875. Entscheid, t. XVII, p.336. Bernstein *All. deutsche und allg. oëst. Wechselordnung*, 1898, p. 318.
2. Brochardt, *Die allg. deutche. W. O.* 1869 n° 285, 282 b.

la cause de l'obligation du tiré et il importe peu qu'il la connaisse.

C. S'il y a eu *circulation de complaisance*, les effets tirés, *gerittene Wechsel*, sont valables pour le porteur. Il en demandera le paiement, et le commerçant ou sa masse pourront être obligés de payer tant ses propres acceptations que celles qu'il a pu recevoir en échange et dont il est responsable comme endosseur. Si les deux parties de la *Wechselreiterei* sont en faillite, on établira une compensation. Le montant des effets de chacun d'eux sera sensiblement le même, et bien qu'il soit supérieur pour l'une, il ne s'ensuit pas nécessairement que seule, elle en ait profité. La compensation est juste parce qu'on ne peut faire supporter la perte aux créanciers de l'une plutôt qu'à ceux de l'autre, puisqu'aucune des masses ne peut prétendre à un avantage.

En un mot, le droit de change anglais et le droit de change allemand ne condamnent pas l'effet de complaisance ; ils lui font produire entre les parties comme à l'égard des tiers, des conséquences conformes au droit commun et laissent seulement au Code pénal le soin d'assurer la répression des abus.

CHAPITRE IV

Les banquiers sont surtout intéressés à éviter le papier de complaisance, puisque ce sont eux qui, en escomptant, avancent sur les effets une somme qui n'est payable qu'à l'échéance. Lorsqu'une circulation de complaisance existe, à leur insu, entre plusieurs négociants, on peut dire que les banquiers en font les frais; et si ces négociants ont su les disposer en leur faveur, ils ont là un moyen de leur emprunter sans qu'ils s'en doutent. La régularité des paiements rendra plus grande la confiance des banquiers. Franklin disait que le bon payeur est maître de la bourse d'autrui, les compères ne le savent que trop: ils ne manqueront d'acquitter ponctuellement les effets, mais en vérité ce sont les banquiers qui les paieront de leur propre argent, peut-être pendant de longues années. En effet, la valeur avancée sur la première lettre de change ne rentre pas réellement à la banque, puisqu'avant l'échéance on s'y procure de quoi pourvoir au paiement. Le banquier se croit couvert mais bien que de nouvelles traites aient succédé à la première, c'est toujours celle-là qui est due et souvent elle s'est accrue des frais et des intérêts.

Comment reconnaître les effets fictifs et les effets de complaisance ? — Les banquiers sont appelés à lutter contre ces manœuvres auxquelles chaque jour ils sont exposés, et les auteurs sont unanimes à leur conseiller de se méfier des valeurs fictives (1).

Pour déjouer ces fraudes, s'ils ne veulent en être victimes, leur expérience des affaires, leur connaissance de la moralité et de la solvabilité des parties sera le meilleur guide. Le jugement seul, se verrait impuissant alors que des soins jaloux se sont appliqués à cacher la fraude. Ce n'est pas sans raison qu'on a pu parler de « flair » requis pour démasquer les tentatives de ce genre (2). « Un banquier expérimenté les reconnaît facilement, dit Courcelle-Seneuil ». A défaut de cette expérience, il est des moyens qui permettent fréquemment à tout banquier de les deviner. Certaines circonstances ne doivent pas échapper à un esprit vigilant. De l'ensemble de la situation des parties, de leurs rapports probables, du rôle respectif qu'on leur voit jouer dans l'effet, on peut induire à une circulation d'effets, à la création d'effets fictifs. Souvent aussi, le hasard s'en mêlera.

I. Mais, dans ces moyens, il y a moins des règles certaines, infaillibles que des conseils propres à éclairer les banquiers.

1. Courcelle-Seneuil, p. 186 ; Elster, *Worterbuch der Volkswirthschaft* v° Banken ; Wagner, *die Bankverwaltüng*, dans Volkswirthschaftslehre de Schönberg, Berlin 1885, t. I, 455. Schülze-Delitsch, soucieux de la réussite des Banques populaires, dont il avait été l'instigateur recommandait à leurs directeurs de se mettre en garde contre la pratique malsaine des effets fictifs (Schneider, *der Kellerwechsel*, p. 27).
2. L'*Economiste français* du 8 mai 1886.

C'est ainsi qu'il ne faut pas croire que ces effets « énoncent toujours des sommes rondes, aussi fortes que le timbre sur lequel ils sont inscrits (1); l'habileté des tireurs complaisants est de ne placer comme valeur sur les effets qu'une somme fractionnée par centimes, qui fasse croire à une réelle opération commerciale, car c'est précisément la ressemblance avec les effets réels qu'on recherche pour mieux surprendre la confiance des banquiers. De même, l'échéance ne sera pas toujours aussi éloignée que possible. Les banquiers préfèrent les effets courts; il arrive s'ils ont des doutes. qu'ils n'acceptent ces effets à l'escompte qu'en raison de l'approche de l'échéance, or les scrupules de complaisants ne s'arrêteront pas à éviter quelques renouvellements, sans compter que l'espérance qui les abuse de gains prodigieux, ou la certitude actuelle d'une ruine prochaine, ne sera pas faite pour que les parties hésitent, en raison des frais et prélèvements occasionnés par ces renouvellements. On ne peut guère dire non plus qu'un effet est fictif parce qu'il est escompté dès son tirage ; on comprend que tout commerçant veuille user de toutes ses ressources disponibles.

II. Il est tout d'abord des recherches qui s'imposent même en dehors des effets de complaisance et qui consistent à connaître la moralité des clients. Il est aussi des signes précurseurs de la faillite qu'on devine et qui font réfléchir sur l'étendue du crédit à accorder : c'est, par exemple l'augmentation du portefeuille de la banque. Le banquier s'aper-

---

1. Courcelle-Seneuil, 8ᵉ éd., p. 191. — Max Wirth, *Gründzüge der national-Œkonomie, Handbüch des Bankwesens,,* t. I, p. 508 ; Macleod, *Principles*, p. 590.

çoit que le commerçant qui présente des effets a un découvert important ou que le débit de son compte s'est élevé rapidement, en même temps que les encaissements se sont ralentis. Le désordre dans la comptabilité, la négligence dans la direction des affaires sont propres à inciter le banquier à faire des remarques. Mais cela tient principalement aux habitudes, aux règles professionnelles que dans tous les cas, observent les banquiers.

III. A défaut de situation embarrassée, à défaut de signes matériels de l'état des affaires venant donner l'éveil, un indice probable est le rapprochement des professions toutes différentes des parties, ou l'impossibilité de rapports commerciaux entre elles : l'une n'est pas un commerçant, l'importance des effets est trop grande pour la nature de leurs négoces. Il est peu vraisemblable qu'un négociant de gros doive à un commerçant en détail. Ou bien les signataires sont parents ; ils sont sous la dépendance l'un de l'autre : l'un est commis, l'autre est patron. On s'étonnerait de même, de l'extension à des régions éloignées, des affaires du tireur dont le genre de commerce indique plutôt un périmètre restreint : les effets proviennent alors d'une banque d'échange.

Souvent aussi l'imprudence, le manque de précautions trahiront les parties. L'effet est présenté à l'escompte par le tiré ; les traites sont de même valeur (1) et reviennent à des retours fréquents et réguliers et les parties y figurent à des titres divers ; à l'échéance, les souscripteurs ne sont pas ceux qui se présentent pour en verser le montant (2).

1. Ou elles ne sont augmentées que des frais et des intérêts.
2. En Angleterre, quand un effet est payable chez le tireur on en conclut

IV. C'est à l'origine qu'il faudrait démasquer les effets
de complaisance, et c'est à ce moment-là qu'il est difficile
de les reconnaître. Au bout de quelque temps, il sera trop
tard parce que le banquier se sera engagé pour des sommes
importantes. Il en viendra à se demander s'il doit désor-
mais abandonner le commerçant à sa mauvaise foi, acceptant une perte immédiate, ou s'il n'est pas préférable de
« soigner le compte » de son client, c'est-à-dire de s'efforcer
de le réduire lentement, sans faire sentir qu'un doute s'est
élevé sur la nature des effets. Plus la somme est forte, plus
l'hésitation est grande. A moins d'une situation dès maintenant désespérée, en présence d'un individu de bonne foi
mais négligent, qui n'a usé des valeurs de complaisance que
séduit par la facilité de leur emploi, puis s'est laissé entraîner,
il vaut mieux, d'après Courcelle-Seneuil (1), se résoudre au
second parti, parce que, si le banquier ferme brusquement
le compte et exige son remboursement de l'accepteur ou du
tireur, c'est la débâcle inévitable, c'est une perte certaine, peut-être totale. Tout l'édifice savamment bâti, s'é-
croulerait comme une maison de cartes (2). Si, au contraire,
il continue le crédit, tout en le diminuant, qu'il demande et
obtienne des garanties, il régularise son compte et rentrera
dans ses avances. La conduite à tenir dépendrait donc des
circonstances. Ce n'est toutefois pas sans danger de soigner
le compte d'un client quand on a découvert que les effets

que c'est un effet de complaisance. Byles, *Bills*, p. 2475 ; Daniel, *Négot.
instruments*, § 1085.

1. P. 193 ; Macleod, *Banking*, p. 362 ; Leugner, n° 21. Mais il faut
tenir compte des règles différentes en Angleterre et en Allemagne.

2. Leugner, *Der Wechsel in seiner wirthschaftlichen Bedeutung*,
1895, n° 17.

qu'il envoyait, étaient des valeurs de complaisance. En retardant la faillite, le banquier a pu nuire aux créanciers du débiteur postérieurs à la découverte qu'il a faite, on le poursuivra en dommages-intérêts et la charge de cette responsabilité est de nature à faire préférer une perte immédiate aux chances incertaines que donne l'espoir de voir le commerçant remis à la tête de ses affaires. Il faudrait être bien sûr de la bonne foi du client, ou être son principal créancier pour agir autrement.

Responsabilité des banquiers (1). — I. Les conséquences de la nullité des effets de complaisance s'appliquent, en principe, aux banquiers. C'est ainsi que s'ils se sont engagés à escompter de tels effets, ils peuvent, malgré leur promesse, refuser de les couvrir de leur signature et de les recevoir en compte, parce qu'on peut échapper aux liens d'une convention à laquelle on est partie, lorsque l'ordre public est blessé. Ils trouveraient de même dans la dation

---

1. *Responsabilité des banques d'échange.* — Nous dirons quelques mots des banques d'échange, non pas que nous voulions les traiter de pair avec les banques qui ont pour principes la loyauté et l'honnêteté, alors que les agences les ont bannies de leurs opérations, mais parce que la question se pose plus fortement à leur égard ; il y a plus que faute, il y a dol :

1º A l'égard de leurs clients, les banques d'échange mettent dans les cas où elles procurent des effets qu'elles ne se reconnaissent pas « ducroire ». (V. l'exemple donné par M. Thaller, rapporté *suprà*, p. 12). C'est qu'il a été jugé qu'on doit les assimiler à des commissionnaires de ducroire et qu'elles garantissent le paiement et la réalité de la valeur qu'elles remettent à leur client. T. Com. Besançon, 30 août 1878, J. Trib. Com. 79, p. 141. Bien qu'elles aient stipulé n'être pas ducroire, elles sont responsables de l'exécution des contrats qui se forment à leur investigation parce qu'on ne peut pas se soustraire, par sa seule volonté aux obligations dérivant de son dol. Leur responsabilité s'aggrave par ce fait qu'elles sont tenues à plus puisqu'elles

d'effets de complaisance un motif légitime de fermer brusquement un crédit précédemment ouvert à un commerçant pour les besoins de son commerce (1).

Mais le plus souvent, c'est en qualité d'escompteurs qu'ils interviennent. Ils sont alors des tiers-porteurs. De bonne foi, ils invoqueront leur qualité de porteurs pour réclamer le paiement des effets ou leur admission à la faillite des signataires. De mauvaise foi, ils ne pourront se prévaloir d'aucun droit. En escomptant l'effet, ils en ont fourni la valeur, mais ils ont prêté la main à une opération irrégulière qu'ils ont rendue définitive, en la validant aux yeux des tiers. Ils ont adhéré à une convention immorale qui, sans leur concours, n'aurait peut-être pas pu aboutir (2).

II. L'appréciation de la mauvaise foi doit être plus large à l'égard des banquiers (3). Il n'est pas nécessaire pour établir leur mauvaise foi de prouver qu'ils ont dû connaître le vice de l'effet, il suffit de prouver qu'ils auraient dû le connaître, en prenant toutes les précautions que normalement, un banquier doit prendre. Pour lui refuser toute

stipulent un salaire, une commission payée au moment du contrat par chaque partie. Comp. T. Com. Seine, 18 fév. 1870 ;

2° Les tiers escompteurs des effets procurés par les banques d'échange peuvent poursuivre celles-ci ou réparation du préjudice que leur concours nécessaire leur a causé (soit qu'on invoque l'art. 1382, soit qu'on agisse accessoirement à une poursuite en escroquerie contre les directeurs).

1. Bordeaux, 27 juin 1896, D. 96. 2. 406 ; Ann. d. Com. 97, p. 27.

2. Nancy, 10 juill. 1894 Rec., Nancy, 94, p. 269 ; Bourges, 23 nov. 1885 Req., 18 oct. 1886, S. 86. 1. 470 ; D. 87. 1. 340 ; Douai, 15 fév. 1887 Jur. Douai, 84, p. 154 ; Lyon, 3 juill. 1896 J. Trib. Com. 97, p. 754 ; Cass., Req., 28 juil. 1897 ; D. 97. 1. 607 ; Pand. f., 98. 1. 144.

3. Mais lorsque l'effet revient au banquier après avoir passé dans d'autres mains, il n'est plus qu'un porteur ordinaire quand les endosseurs précédents sont réels.

action quand il a manqué à la prudence nécessaire en cette matière, point n'est besoin de recourir à l'art. 1382 C. c., car la mauvaise foi est un défaut qu'on présume plus ou moins, suivant les personnes, suivant le degré de leur expérience. C'est quelque chose d'un peu flottant, susceptible d'une appréciation variant avec les circonstances.

III. Mais le banquier escompteur peut être responsable à l'égard de certaines personnes du dommage qu'il leur a causé, par sa négligence ou son imprudence (art. 1383) en continuant son crédit à des insolvables qui dissimulent sous des effets de complaisance leur situation périclitante.

Grands dispensateurs du crédit, les banquiers jouent un rôle puissant dans le développement des affaires de chaque commerçant. Le caractère de leurs relations avec telle maison est de nature à étendre le commerce de celle-ci ou à en ralentir l'essor. S'en rapportant à leur expérience, à leur connaissance des affaires, on s'inspire de leurs actes, et nombreuses sont les personnes qui se guident sur leur façon d'agir avec tel commerçant (1). Leur profession leur fait un devoir de ne pas égarer l'opinion commune sur le crédit dont est digne un commerçant. Un banquier qui escompte sans difficulté le papier d'un négociant, lui donne

1. « Sans que le banquier soit le confident ou le directeur de conscience économique de son client — ce qu'il peut être parfois — il devient, par la simple conséquence des pressions que subissent chez lui les affaires, un baromètre, un avertisseur dont les indications se manifestent par le taux de l'escompte, par celui des commissions... Placé en un point où ses regards peuvent rayonner, obligé de chercher la signification de tout fait anormal, il peut porter sur les affaires en général, et sur certains points particuliers, des diagnostics sûrs ». A. Liesse, *Diction. du. com. et de l'ind.*, v° Banque, p. 442.

en quelque sorte un brevet de crédit, car on n'est que trop
vite porté à en conclure à une solvabilité non douteuse (1).

IV. Or, des effets de complaisance sont mis en circulation par un tireur, commerçant obéré, qui, au lieu de dépo-
ser son bilan, cherche à prolonger sa vie commerciale et à
retarder sa faillite. Un banquier les escompte. Puis des
tiers contractent avec le tireur, se fiant à l'apparence de
prospérité que donne aux affaires du tireur, la facilité avec
laquelle ses effets sont escomptés. La faillite survient : les
tiers dont les créances restent impayées en totalité ou en
partie, peuvent-ils venir reprocher au banquier de s'être
livré à des agissements qui ont eu pour but de dissimuler
l'insolvabilité du commerçant et pour résultat de capter
leur confiance ? Peuvent-ils invoquer contre lui l'application des art. 1382 et 1383 (2) ?

Il est certain qu'il y a dommage pour les créanciers postérieurs à la mise en circulation des effets. Mais y a-t-il
faute de la part du banquier ? Quant au lien direct entre le
dommage et la faute, il existe par hypothèse, puisque nous
sommes en présence de personnes que seul le crédit apparent du failli a amené à contracter avec lui, à lui accorder

1. Un banquier en compte courant avec un commerçant, doit surveiller les
effets qui lui sont remis, encore que la remise n'ait eu lieu que « sauf encaissement » et qu'à défaut de paiement, il contrepasse. Il peut donner indirectement un délai à un négociant dont la vie commerciale en est à l'agonie,
et l'aider à retarder sa faillite. Pourrait on le rendre responsable ? ou lui
défendre de contrepasser ?

2. C'est à eux seuls qu'il appartient d'exercer cette action, le syndic ne
peut agir au nom de la masse puisque l'action n'intéresse que quelques créanciers. Mais les syndics peuvent quelquefois intenter des procès en responsabilité contre le banquier qui a soutenu la position et a nui à la masse de la
faillite.

crédit. C'est le fait reproché au banquier qui a déterminé leur confiance et par conséquent le dommage. Ce fait constitue-t-il une *faute* ?

A. Le banquier est en faute quand il a été consciemment et volontairement de connivence avec le commerçant pour mettre en circulation les effets de complaisance. Il l'est aussi quand il a simplement su le caractère des effets et la situation embarrassée sinon désespérée du tireur (1). Il a favorisé une émission de valeurs fictives, qui sans son concours, nous le répétons, n'aurait probablement pas pu avoir lieu. Il a contribué à tromper les tiers, il est peut-être devenu le complice du tireur (2).

Qu'on ne dise pas qu'en prêtant crédit à un commerçant en détresse, il l'a remis en état de faire face à ses affaires, qu'en tout cas il a augmenté les fonds disponibles au profit des créanciers, et qu'au cas de faillite, il subit une perte ; que par conséquent, il n'encourt aucune responsabilité. Il n'est pas douteux qu'il ait mis ou fait mettre des fonds dans l'actif du failli, et qu'il ait été le premier à en souffrir, mais son imprudence ne le dégage pas de la responsabilité qu'il a encourue. De plus, d'une part, il aura souvent eu l'espoir de larges gains que lui assureront l'escompte, les

1. Le banquier qui connait la combinaison, l'encourage, et s'il prend, en premier lieu, l'effet, ce ne sera que pour le passer à une autre banque qui sera trompée.

2. Il commet un délit ou quasi-délit civil suivant que l'intention de nuire a ou n'a pas présidé à la création des effets. Sur la question de responsabilité, v. Cass. 1er août 1876, S. 76. 1. 457 et la note; T. Com. Honfleur, 24 août 1898; Pand. fr 99. 2. 145, note de M. Thisse ; Comp., Bruxelles. 15 déc. 1896 ; Pas.,97. 2. 334, et *suprà*, la même question de responsabilité pour les complaisants, p. 84 ; Garraud, *Traité de droit pénal français*, 2e éd., t. II, p. 278.

droits de commission et parfois d'autres remises, s'il est en compte-courant avec le commerçant ; et, d'autre part, tandis que le passif s'est ainsi accru du montant des effets et des frais qu'ils occasionnent, tout laisse présumer que le commerçant succombera sous le poids de ces renouvellements fructueux pour le banquier « habile », et qu'il n'aura garde d'employer son argent à autre chose qu'à des spéculations qui le ruineront plus sûrement. D'ailleurs si le banquier, escompteur complaisant, s'intéresse au sort de son client, que ne lui ouvre-t-il directement sur sa caisse un crédit, sans recourir à l'artifice des effets de complaisance ?

B. Il faut aller plus loin. Trois conditions sont requises pour qu'il y ait faute de la part du banquier. Il faut : 1° qu'il s'agisse d'une *circulation d'effets*. On ne peut parler de responsabilité quand il ne s'agit que d'un seul effet ou de quelques-uns parce que l'escompte accidentel d'un effet par un banquier ne peut pas constituer à un commerçant un état de prospérité qui trompe les tiers ; 2° *que le banquier ait connu le caractère des effets* ; 3° *qu'il ait su la situation du tireur*.

De ces deux dernières conditions, si l'une n'existe pas parce que le banquier n'a pas pris les renseignements nécessaires, n'a pas fait des recherches qui s'imposent en dehors même des effets de complaisance, il n'en doit pas moins être déclaré responsable. S'il a été imprudent, irréfléchi, négligent, il a commis une faute (1). Il ne serait pas fondé à venir

1. Il est responsable quand, malgré la recommandation expresse qui lui en avait été faite il n'a pas présenté une traite à l'acceptation. Mais nous ne souscrivons pas à l'opinion de certains tribunaux qui l'ont déclaré impru-

prétendre qu'il a ignoré une situation notoire d'insolvabilité ou de cessation de paiements. C'est à bon droit,qu'on
lui impute à faute de n'avoir pas prêté l'attention qu'on
doit attendre d'un homme dont la profession est toute de
prudence.

Il y a dans chaque profession des règles couramment
usitées qui s'imposent à ceux qui l'embrassent, et alors
même qu'aucune loi ne les édicte, qu'aucune sanction
légale n'y est attachée, c'est une faute de les enfreindre. La
prudence est une de ces règles pour les banquiers. *Le banquier ne doit pas manquer à la prudence professionnelle.*
C'est cette qualité considérée *in abstracto*, c'est-à-dire la
prudence que doit avoir un banquier ordinaire, d'après
laquelle les juges apprécieront s'il y a faute (1). Un banquier prudent sans paraître croire qu'on est capable de le
tromper, ne s'expose pas à l'être. Par exemple, c'est manquer à la prudence professionnelle requise, que d'escompter
en grande quantité, des effets sur lesquels reparaissent
toujours les mêmes noms, à des titres différents, et qui
reviennent avec fréquence et régularité (2). Mais si le ban-

dent pour n'avoir pas fait accepter. Cette raison est insuffisante car on
sait qu'on considère souvent encore la présentation à l'acceptation comme
une marque de défiance. (Courcelle Seneuil, p. 100). Il faut tenir compte
dit un jugement du T. Com. Anvers du 22 juin 1891, (Juris. Anvers, 91,1,
242), des répugnances non justifiées que le petit commerce manifeste à
l'égard de l'acceptation des traites, répugnance qui irait parfois jusqu'à
rompre des relations commerciales respectables.

1. Note Pand, Fr. 99.2.145. Cela correspond à la notion juridique du bon
père de famille ; Ruben de Couder, v° Banque, Banquier n° 26 ; Répert.
alpha. de d. fr. v° Banque, n°s 157 et s.

2. Il en serait de même dans la plupart des cas que nous avons donnés
comme moyens de reconnaître les effets de complaisance, v. *suprà*.

quier doit être prudent, se montrer circonspect, il n'est plus
responsable quand lui-même a été victime d'une habile mise
en scène déployée par son client, et tendant à lui faire croire
à la réalité d'opérations purement fictives (1).

On objectera que rien ne défend au banquier de faire les
fonds d'une traite de ce genre et de la mettre en circulation avec sa signature et qu'il est impossible en dehors d'un
contrat ou d'un texte de loi, de réclamer une activité aussi
scrupuleuse. Il n'y a pas de contrat puisque le banquier et
le créancier postérieur se sont trouvés séparément en rela-
tion avec le commerçant ; où est le texte? Exiger cette prudence *in abstracto*, n'est-ce pas gêner la circulation fiduciaire
et nuire à sa rapidité? En effet, il ne faut pas aller trop
loin dans cette voie, de peur d'enrayer le développement
du crédit en obligeant les banques à resserrer leurs avances.

En vérité, ce qui gêne la circulation des effets de commerce, ce sont les valeurs fictives. Il est du devoir d'un
banquier de s'assurer de la réalité et de la sincérité des
signatures portées sur les effets dont il accepte de faire les
fonds, et de refuser tout ce qui lui paraîtra d'un caractère
douteux, ou pour le moins d'exiger de son client des renseignements. S'il ne juge pas l'explication de son client suffisante et s'il refuse l'escompte, il perdra peut-être la clientèle
d'un commerçant (en supposant possible que celui-ci se
relève d'une circulation abusive d'effets), mais il évitera de
courir des risques, gros de conséquences, et il gagnera
d'ordinaire en sécurité ce qu'il perdra en quantité. Sa

---

1. Caen, 30 mai 1899, La Loi du 15 juin, J. Faill. 99, p. 357. Le banquier n'est donc tenu que de la faute lourde.

responsabilité sera dégagée : le but moral et social de sa profession n'en sera pas diminué.

D'ailleurs les grandes banques savent si bien que rejeter les effets de complaisance, c'est protéger le crédit, que toutes, les évitent le plus qu'elles peuvent. Il est vrai que la prohibition de l'art. 5 de la loi du 24 germinal an XI, à l'égard de la Banque de France, est devenue lettre morte, en raison de l'impossibilité où elle se trouve de se renseigner sur les conditions dans lesquelles ont été souscrits les effets de commerce présentés à l'escompte (1); mais la responsabilité n'est que rarement encourue par la Banque de France qui, recevant les effets en troisième ou quatrième main, se préoccupe avant tout de la qualité des endosseurs. Cependant si l'on recherche l'esprit dont était animé le législateur dans l'art. 5 de la loi de germinal, on en vient à reconnaître que son but a été moins de protéger la Banque de France que de protéger le commerce lui-même (2).

1. En Allemagne, la Reichsbank doit refuser les effets de complaisance autant que le procédé de leur naissance lui est connu. Leùgner n° 21, p. 28; Telschow, *Der gesammte Geschäftsverkehr der Reichsbank*, 1893, Berlin, § 16. — De même en Belgique, pour la Banque nationale (art. 26 de ses statuts).

En France, la jurisprudence semble plus rigoureuse dans l'appréciation de la faute quand il s'agit de la Banque de France. Il faut que ce « grand établissement privilégié » ait commis des fautes lourdes réitérées ; T. Com. Limoges, 15 janvier 1897. Ann. D. Com. 97, p. 25, n° 46.

2. Lors de la discussion de la loi sur le renouvellement du privilège de la Banque de France (loi du 16 novembre 1897), on proposait de supprimer l'exigence de la troisième signature pour l'escompte des effets à la Banque. M. Viviani voyait dans cette suppression un moyen de développer le crédit des petits commerçants et des agriculteurs et la troisième signature lui apparaissait « comme la rançon de l'incurie et de l'incapacité de la Banque ». Cependant, on maintint la troisième signature notamment comme une garantie en ce qui concerne les effets de complaisance,et on fit remarquer que

En résumé, les banquiers qui ont souci de leur crédit et exercent loyalement leur profession ne doivent pas venir en aide à des commerçants obérés par l'escompte d'effets de complaisance. Ils ont, nous l'avons vu, d'autres moyens licites de les secourir, sans leur constituer un crédit factice. Si cependant, ils veulent le faire, car il n'y a pour eux aucune interdiction prononcée, à eux d'en supporter toute la responsabilité. Les créanciers postérieurs à l'escompte des effets, réclameront l'entière réparation du préjudice qui leur a été causé ; ils obtiendront la différence entre la somme qui leur est due et le dividende qui leur aura été versé par la faillite du tireur ou bénéficiaire.

L'escompte des effets de complaisance n'est donc pas sans danger pour les banquiers. Leur négligence peut leur être fatale, et c'est une sérieuse menace que la responsabilité qu'on leur fait encourir, dans la mesure où nous l'avons reconnue. Outre qu'elle se justifie juridiquement, nous croyons qu'en fait, elle a raison. Elle peut être un puissant moyen de lutter contre l'envahissement des effets de complaisance, et contribuer à faire cesser un abus aussi contraire à la bonne foi qu'à la sécurité du commerce. Imprudent, complice, ou coauteur, le banquier est un complaisant. Comme le consentement des souscripteurs complaisants, le consentement des banquiers à recevoir les effets à l'escompte, est à la circulation fictive ce que le recel est au vol, et de même que sans recéleurs, le nombre des voleurs

---

même avec cette garantie, la Banque de France, n'est pas dispensée de toute enquête « parce qu'elle veut éviter les effets de complaisance, parce qu'elle peut être trompée et exposée à des pertes » (Chambre des députés, Séance des 31 mai et 17 juin 1897).

diminuerait, de même aussi la circulation serait fortement
enrayée si les banquiers prêtaient moins facilement une
aide nécessaire à la réussite d'une semblable opération.
Le remède n'est pas seulement dans la parfaite observation des règles professionnelles ; si la prudence fait disparaître la responsabilité, les pertes restent encore possibles.
C'est qu'il faut surtout que les banques puissent réunir des
renseignements nombreux sur les personnes avec qui elles
sont mises en rapport. Il faut qu'au besoin les banquiers
s'unissent pour s'aider mutuellement dans cette besogne.
Pour lutter contre les effets fictifs, les banquiers anglais se
sont formés en syndicats, s'aidant les uns les autres dans
leurs recherches journalières, tout en se fiant à leur discré-
tion professionnelle réciproque et en ne lui sacrifiant rien :
ils en ont obtenus d'excellents résultats. Enfin, il faut développer l'institution des « Comités d'escompte » (1) compo-
sés de commerçants notables, dont la mission notamment
sera de séparer le « papier fait » du papier de complaisance.

1. En Allemagne, « Wechselsyndicate » et « Zensürscomite » Max Wirth,
t. I, p. 408 ; Wagner, l. c. p. 439.

CHAPITRE V

Pendant longtemps, il n'y eut contre ceux qui trompaient les tiers en se servant d'effets fictifs ou d'effets de complaisance, que la ressource de la contrainte par corps et l'application des peines de la banqueroute simple, au cas de faillite. C'était un obstacle trop faible contre une pratique aussi dangereuse que celle de la circulation fictive ; c'était peu que les peines de l'art. 402 C. p., avant comme après la réforme de 1838 : elles se s'appliquaient pas aux non-commerçants, et dès 1867, le risque d'incarcération n'était même plus couru. En vérité, on n'y voyait qu'un dol commercial. On pensait que la loi pénale n'y avait que faire. Le créancier dupé restait désarmé en face d'individus usurpant un crédit qu'ils n'avaient pas et battant monnaie avec leur signature; on ne pouvait pas plus atteindre leurs pourvoyeurs, ces banques d'échange, exploitant à leur avantage le caractère d'imprudence que la justice civile prêtait à l'emploi de ce crédit fictif.

C'est alors que la jurisprudence, en dehors de toute faillite, trouva dans l'art 405 C. p. un moyen de sanction à la fraude qui caractérise ces actes, et elle infligea à leurs auteurs les peines de l'escroquerie, sans négliger de leur appliquer l'art. 585-3°. Cependant les banques d'échange

échappaient encore à toute répression. Elles prétendaient n'employer aucune manœuvre frauduleuse et invoquaient ce fait, qu'ayant soin d'avertir leurs clients, ceux-ci pouvaient prendre des renseignements sur la valeur des signatures qu'elles procuraient, qu'ils n'acceptaient donc qu'en connaissance de cause. On ne pouvait que ruiner indirectement ces agences, en se montrant plus sévère, vis-à-vis de ceux qui recouraient à leur aide ; c'était insuffisant (1). Le ministère public ne pouvant établir la prévention du chef d'escroquerie les poursuivit en prenant un autre base ; les signataires ou endosseurs qui s'adressent à ces banques interlopes sont coupables d'escroquerie en tant qu'auteurs principaux, et les directeurs de ces maisons d'échange en sont les complices, par aide et assistance conscientes et pour donner des instructions en vue de commettre l'escroquerie. Ce fut un coup fatal porté à l'existence des banques d'échange. Elles disparurent vite; actuellement elles sont rares et ne s'étalent plus comme au temps où elles croyaient pouvoir compter sur l'impunité. Il ne faut pas toutefois s'en féliciter bien fort, au point de vue de la moralité commerciale, car les effets de complaisance sont de nos jours, très nombreux et c'est fréquemment que les tribunaux répressifs ont à sévir.

Condamnée par la loi civile, la négociation des valeurs fictives peut donc être atteinte par la loi pénale. Ce n'est pas impunément qu'on se procure de l'argent en s'attribuant un crédit imaginaire par des procédés frauduleux. Les sanctions civiles ne sont pas toujours supportées par les

1. Discours du président du T. Com. de la Seine, Gaz. des Trib. 1879, n° du 19 janvier.

vrais auteurs responsables, le Code pénal permet d'atteindre les coupables et complète ainsi les moyens donnés au juge pour assurer la répression des effets de complaisance (1).

A. — **Banqueroute simple** (art. 585-3°).

1. Sous l'empire du Code de commerce de 1807, la circulation d'effets n'était susceptible de banqueroute simple, au cas de faillite, qu'autant qu'elle avait excédé le triple de l'actif calculé d'après le dernier inventaire. Cette disposition de l'art 586-4° était trop large en ce que l'actif constituait d'ordinaire un chiffre considérable, puisque le mot actif signifiait, on était unanime à le reconnaître, non pas l'actif net, mais l'actif par opposition au passif. Elle était trop étroite parce qu'il y a toujours inconvénient, sinon danger à fixer une limite précise sans vouloir, dans une matière toute de fait, s'en rapporter à l'appréciation plus équitable des juges. Enfin il s'agissait de l'actif du dernier inventaire et précisément dans les circonstances difficiles où se présente la circulation de complaisance, il est rare que les inventaires aient été régulièrement dressés. La loi du 28 mai 1838 a rendu les faits à l'appréciation du juge en se bornant à préciser les caractères essentiels de la circulation d'effets constitutive de *banqueroute simple obligatoire*. Il n'importe que les effets soient ou non considérables, mais il faut : 1° que la *circulation* ait eu pour but de *retarder la faillite* ; 2° qu'elle ait constitué un *moyen ruineux de se procurer des fonds*. Au juge de rechercher si ces conditions

---

1. Pour tous ce qui touche la répression, nous nous bornerons à commenter les textes et à rappeler les points acquis en jurisprudence en les discutant brièvement.

existent. Sont-elles remplies ? il *doit* déclarer le failli banqueroutier simple (1).

La jurisprudence semble oublier cette condition de l'emploi de la circulation comme moyen ruineux (2). C'est que tout en retardant le dépôt de bilan, la circulation d'effets peut maintenir la situation du failli, parfois l'améliorer. Elle n'est un moyen ruineux que si elle entraîne des frais considérables, rendant plus mauvaise la situation du débiteur. On a trouvé que c'était trop peu et qu'il y avait là une exigence ne permettant pas d'atteindre les effets de complaisance qui ne se présentent pas toujours comme des moyens ruineux, et un Projet de réforme sur les faillites, déposé à la Chambre des députés en 1894, déclarait banqueroutier simple, tout commerçant en état de faillite ou de liquidation judiciaire qui, dans l'intention de retarder la cessation de ses paiements avait créé, endossé ou négocié des effets sans cause réelle (3).

La banqueroute est la seule garantie pénale en faveur

---

1. Renouard, *T. des faillites*, t. II, p. 424 : Bédarride, *Faillites et Banqueroutes* (4e éd.) t. III, p. 304 : Bravard-Veyrières et Demangeat, 2e éd. t. VI, p. 39 ; Lyon-Caen et Renault, t. VIII, n° 941 : Garraud, *T. de droit pénal*, t. V, n° 349. La plupart des codes étrangers contiennen, des dispositions analogues à notre art. 585-3° (art. 572-3° de la loi belge du 18 avril 1851) : en Italie v. Ugo Sorani, t. I, § 87, p. 108.

2. Nancy, 16 mai 1882, J. Faill., 82, p. 356 ; Cass. Crim., 14 mai 1886, J. Failli., 86, p. 261 (dans ce dernier cas, il ne semble pas qu'il y ait eu « moyen ruineux »).

3. J. Faill., 1884, p. 444. On établissait aussi la responsabilité des personnes qui ont concouru aux actes qui ont fait déclarer le débiteur banqueroutier simple : J. Faill., 1882, p. 326. Actuellement la jurisprudence et la doctrine n'admettent pas la complicité en matière de banqueroute simple (Garraud, t. V, n° 335). En Belgique, on punit les complices ; Cass. belge, 7 sept. 1877 ; Pas., 77. 1. 392.

des créanciers de la masse. Seule, elle est applicable quand le banquier escompteur a été de connivence dans la circulation de complaisance. Le délit d'escroquerie dans les cas où on le reconnaît, est entièrement indépendant du délit de banqueroute : l'un peut exister sans l'autre.

II. D'ailleurs le complaisant lui-même, s'il n'est pas complice, n'est pas exempt de tout risque pénal. En dehors de toute pensée de fraude, il *peut* être déclaré banqueroutier simple s'il a contracté pour le compte d'autrui, sans recevoir d'équivalent, des engagements jugés trop considérables pour sa situation (art. 586, 1°). Enfin, d'autres sanctions sont possibles. Le failli qui a laissé produire à sa faillite des tiers porteurs de mauvaise foi d'effets qu'il savait être de complaisance, ne peut-il pas être déclaré banqueroutier frauduleux pour s'être frauduleusement reconnu débiteur de sommes qu'il ne devait pas ? (art. 591).

B. — Escroquerie.

L'escroquerie tout en étant un délit nécessairement vague et assez indécis en lui-même, parcequ'il est susceptible de comprendre une multitude de circonstances variables à l'infini, exige cependant certaines conditions d'application qu'on peut préciser et qui en constituent les éléments principaux. Il faut pour qu'il y ait escroquerie, soit l'usage de faux noms ou de fausses qualités, soit l'emploi des manœuvres frauduleuses pour persuader l'existence de fausses entreprises ou d'un crédit imaginaire, en vue de se faire remettre ou délivrer des fonds.

1. Rousseau, p. 31 et s. ; Dramard, p. 144 et s.

Or, un individu présente chez un banquier qui les escompte des effets purement fictifs ou des valeurs qu'un insolvable lui a souscrites ; il fait naître une erreur dans l'esprit du banquier qui croit à la réalité d'opérations commerciales, et qui, l'échéance venue, en poursuit en vain le paiement. Y a-t-il dans le fait de cette négociation les éléments constitutifs de l'escroquerie ? (1).

La remise de la valeur du billet ou de la traite, réalise la délivrance des fonds, et aussi bien, le fait d'obtenir de nouvelles livraisons de marchandises ou de prévenir les poursuites des créanciers (2). La présentation des valeurs fictives persuade au banquier l'existence d'un crédit qui n'est qu'imaginaire. Mais quand y a-t-il *manœuvre frauduleuse* ?

1° Les manœuvres frauduleuses consistent en des faits extérieurs propres à influer sur le consentement de l'escompteur ; les allégations mensongères même consignées par écrit (comme si l'effet est causé « valeur en marchandises » ou si la somme portée est fractionnée par un calcul habile pour induire à penser à la réalité des fournitures), ne suffisent pas, si elles ne sont corroborées par un acte matériel ou une mise en scène qui en fortifie l'apparence de sincérité et soit propre à surprendre la bonne foi de l'escompteur (3). C'est ce fait extérieur qui objective le délit

---

1. On ne peut songer à atteindre le tirage lui-même, c'est la négociation qui est punissable ; Nouguier, t. I, n° 348.

2. Lyon, 25 mars 1867, S., 68. 2. 75 ; D., 67. 2. 173 ; Comp., Paris, 19 juill. 1865, S., 66. 2. 237 ; D., 66. 5. 484. ; Cass. Crim., 15 mai 1886, Pand. fr., 87. 1. 49.

3. Cass., 11 nov. 1897, D., 98. 4. 225. La traite fictive en elle-même n'est que l'affirmation mensongère d'une créance imaginaire.

et le caractérise, il n'est pas forcément indépendant de l'effet, il peut exister dans le corps de l'effet. Ainsi, il y a manœuvres frauduleuses et par suite escroquerie, dans le fait de revêtir un effet de la signature d'un accepteur insolvable pour laisser croire qu'elle émane d'un homonyme d'une solvabilité notoire, *a fortiori*, d'indiquer l'adresse de ce dernier : le but cherché est la confusion. Manœuvre frauduleuse pareillement, la production à l'appui de la demande d'escompte de fausses factures de ventes de marchandises que les effets sont censés régler (1). Une combinaison de mensonges peut être considérée comme l'égale d'un acte extérieur, et il y aurait manœuvre frauduleuse si le bénéficiaire, le débiteur apparent ou un tiers à sa place venaient affirmer la réalité de l'opération constatée par l'effet (2). D'ailleurs le juge peut trouver dans l'ensemble des circonstances qui ont accompagné la négociation, les caractères d'une manœuvre frauduleuse (3).

2° A s'en tenir à des manœuvres frauduleuses si nettement caractérisées, les peines de l'escroquerie seraient rarement applicables, mais d'après la jurisprudence il ne faut pas admettre seulement des manœuvres extrinsèques. On doit analyser plus profondément l'opération même de l'escompte des effets de complaisance ou des effets fictifs.

Le seul fait de présenter à l'escompte des traites non

---

1. Cass. 20 août 1880 , S.. 81. 1. 135, concl. de l'av. gén. Rivière ; Cass. Crim., 19 nov. 1863, Bull. crim., n° 273 ; T. Corr. Seine, 16 juin 1896 ; Cass Crim. 9 juill. 1896, Pand. fr. 96, Table v° Escroq : T. Corr. Marseille, 30 juill. 1897, juris. Marseille, 93, p. 284 : Comp. Cass. Crim. 23 déc. 1897, D., 99. 1. 92 ; Cass. crim. 16 déc. 1898, D. ,99. 1. 520.

2. Conf. art 326, C. P. des Pays-Bas de 1881.

3. Douai, corr., 13 janv. 1892, Jur. Douai, 92-93, p. 52.

*acceptées pour lesquelles il n'y a pas de provision n'est pas de
nature suffisante à constituer le délit d'escroquerie.* L'article 116 du C. com. ne réclame l'existence de la provision
qu'au moment de l'échéance et jusqu'à cette époque, le tireur
peut envoyer des fonds ou des marchandises pour devenir
créancier du tiré ; et quand à l'échéance, la provision que
le tireur croyait pouvoir fournir, n'existe pas, l'opération
n'en est pas moins licite (1). Mais *la négociation d'une traite
sans provision devient un acte illicite et tombe sous le coup de
l'art. 405 C. p. quand le tirage est effectué sur des débiteurs
fictifs ou insolvables avec la certitude actuelle que la provision n'existera pas à l'échéance et que l'escompteur ne recouvrera pas la valeur de la traite négociée (qu'il ne soit pas
payé à l'échéance ou qu'il ne le soit que grâce à l'artifice des
renouvellements).* En somme, deux conditions sont requises,
qu'il s'agisse de traites ou de billets de complaisance :
1° *connaissance du caractère de l'effet* ; 2° *certitude du non-
paiement.*

En effet, en présentant à l'escompte son papier fictif, le
tireur n'accomplissait pas « un acte régulier de commerce ».
L'opération d'escompte n'était qu'apparente ; présentée
comme sérieuse au banquier escompteur, elle n'était au
fond qu'une véritable manœuvre dirigée contre lui. Créer
des valeurs fictives, les causer « valeur en marchandises »,
les avoir fait accepter, les présenter à l'escompte, les endosser, ce sont des faits extérieurs. Le tireur sait qu'il n'aurait

---

1. Cass. crim., 4 juillet 1845, S., 46. 1. 715 ; Alger, 13 avril 1877, S.,
77. 2. 251 ; T. Le Mans, 30 juill. 1885, Fr. jud., 85. 2. 535 ; Montpellier, 25 mars, 1886, Pand. fr., 86. 2. 148 ; T. Corr. Seine, 16 juin 1897,
Gaz. Trib., 27 juin 1897.

rien obtenu par une demande directe de prêt, et il n'a
employé la forme des effets de commerce que parce qu'ils
représentent d'ordinaire des opérations commerciales
réelles : ne serait-on pas tenté de dire qu'il y a un emprunt
indirect accompagné de manœuvres frauduleuses ? Si l'escompteur avait su la vérité, il n'aurait pas accepté des effets
sans valeur ; les eut-il escomptés volontairement, il ne les
aurait souvent reçus qu'à un prix de beaucoup inférieur à
la valeur nominale, espérant compenser ainsi ses chances de
perte. Il n'y a pas seulement une allégation mensongère ;
il y a une manœuvre destinée à l'appuyer, une mise en
scène, un acte extérieur (1).

Pour être subtile, cette analyse n'en est pas moins exacte.
On pourrait prétendre qu'on en vient à ne faire plus, de la
nécessité d'une *manœuvre frauduleuse*, que la condition d'une
intention frauduleuse. L'application de l'art. 405 ne semble
plus dépendre que d'une question de bonne ou de mauvaise
foi. N'est-ce pas méconnaître le texte et l'esprit de l'art. 405 ?
N'est-ce pas aller à l'encontre du principe d'interprétation
stricte en matière pénale ? Les manœuvres n'existent pas.
Il y a seulement des mensonges contenus dans l'effet, réité-
rés par écrit. Quant à la présentation, elle est nécessaire :
pour demander l'escompte, il faut bien produire les effets.
Mais en réalité, il n'y a pas d'escompte, nous l'avons montré, ce n'est qu'une apparence. Comment parler d'escompter
une lettre de change qui n'existe pas ! C'est sur la foi de

1. Cass. crim., 4 nov. 1897, S., 98. 1. 424 ; D., 98, 1. 337 ; Thaller,
2ᵉ éd., nᵒ 1329 ; Debray, Ann. D. Com. 1898, p. 31. L'arrêt de cassation
relève des circonstances qui existent presque toujours et précisent le caractère des manœuvres frauduleuses (remises de bordereaux détaillant les
valeurs) mais nous n'en faisons abstraction que pour mieux caractériser
l'escroquerie.

cette apparence que le tireur s'est fait remettre des espèces ou des marchandises par le preneur de l'effet.

On s'explique parfaitement cette extension donnée par la jurisprudence à l'art. 405 C. p., parce qu'on le sait assez souple pour s'approprier à tant de circonstances qu'on devient peu à peu plus facile quand il s'agit d'admettre la réunion des éléments qu'il exige. Mais, dira-t-on, si par un retour en arrière, on envisage, en les comparant, le point de départ et le but atteint, abstraction faite des degrés intermédiaires successivement acquis ou concédés, on peut à bon droit s'étonner de la distance franchie.

La jurisprudence a surtout cherché à répondre aux besoins de la pratique, en l'absence d'un texte plus précis. Comme le disait le Procureur général Dupin, « le législateur qui avoue ici son infériorité avec le génie du mal n'a pu indiquer que les principaux éléments du délit » (1), et c'est précisément aux juges à s'inspirer de ces éléments pour atteindre tous les coupables sans tout livrer à l'arbitraire. Or, les infractions à la bonne foi et à la loyauté sont plus rigoureuses et plus nuisibles dans le commerce que dans les relations ordinaires ; pourquoi n'en conclurait-on pas que les manœuvres n'ont pas besoin d'être aussi fortement caractérisées.

La formule adoptée n'est pas si large qu'on pourrait le croire. Nous sommes loin de faire dépendre l'escroquerie

1. V. sous Cass. 20 janvier 1846, D., 46. 1. 71. L'arrêt de la C. de Cass. du 4 novembre 1897 précité, n'a pas modifié la jurisprudence antérieure, ce qu'on peut dire, c'est qu'il l'a précisée ; Comp., Paris, 26 fév. 1845, D., 45. 4. 248, P., 45. 1. 667 ; Paris, Corr., 11 août 1891, Rev. D. Com. et Ind., 92, p. 80.

de l'impossibilité où se trouve le souscripteur de payer l'effet à l'échéance.

α). Pour que l'escroquerie soit établie, le défaut de paiement par le tireur ne suffit pas. Le débiteur pouvait avoir juste et sérieuse raison de penser qu'il serait en état de rembourser à l'échéance. Il faut prouver qu'au moment de la présentation à l'escompte, le tireur savait pertinemment ne pas pouvoir payer à l'échéance, et alors même qu'il serait possible de le démontrer, le tireur aurait encore un moyen de se soustraire à la peine, par le paiement ou plutôt par la restitution des deniers qu'il a reçus. En effet, ne prouvera-t-il pas ainsi qu'il n'y a pas eu manœuvre frauduleuse de sa part ; la restitution à l'échéance ou avant le protêt, fait disparaître tout caractère d'escroquerie (1).

β). Il faut, d'autre part, que le banquier n'ait pas connu la nature de l'effet. S'il sait la vérité, son but est d'aider le commerçant tireur, ou si la solidité de l'une des signatures lui répond du paiement, de gagner des droits de commission, à moins qu'il ne cherche lui aussi à tromper les tiers (on se rappelle alors quelles seront les conséquences de sa mauvaise foi, notamment la lourde responsabilité qu'il encourt). Ici encore on doit dire que les banquiers qui auront manqué à la prudence ordinaire ne pourront se prétendre victimes d'escroquerie parce que leur expérience professionnelle aurait dû leur faire reconnaître le caractère

---

1. Mais postérieure au protêt, la restitution de la somme que le tireur ou bénéficiaire s'est appropriée, ne couvre pas le délit. Elle ne pourrait que motiver l'admission des circonstances atténuantes ; la question offre de l'intérêt en raison des droits de la victime de l'escroquerie.

fictif des effets (1) ; en cas d'imprudence flagrante, on se demande s'ils n'ont pas été volontairement dupes (2).

Droits de la victime de l'escroquerie. — Le banquier escompteur qui poursuit le tireur sous la prévention d'escroquerie a grand intérêt à le voir condamner, car il a le droit de réclamer, accessoirement à la condamnation, en se portant partie civile conformément à l'art. 63 C. I. C., réparation du préjudice que lui a causé le délit, et c'est en vain qu'on viendrait lui opposer sa production à la faillite du prévenu pour le montant des effets. Il y a deux dettes, ayant une origine différente, une cause distincte, et deux actions pour en exiger le remboursement : l'une qui naît des effets, dérive du droit de change ; l'autre, basée sur ce que le crédit par escompte n'a été accordé qu'à la suite de manœuvres frauduleuses, permet au banquier de poursuivre son paiement à titre de dommages-intérêts par toutes les voies de droit (3).

Tels sont les principes généraux de l'escroquerie applicables aux effets de complaisance et aux effets fictifs (4). En cette matière, le pouvoir des juges est grand, et les circonstances de fait joueront un rôle important dans l'apprécia-

---

1. Garraud, V. n° 224 ; Chauveau-Hélie, V. 2199 et 2200 ; T. Corr. Narbonne, 11 juin 1897, Pand. fr. 97. 2. 212. Ne serait-il pas plus juridique cependant de maintenir le délit d'escroquerie sauf à refuser à la victime, réparation du préjudice subi ?

2. Sauf le cas où il y aurait eu des machinations ou manœuvres employées pour surprendre leur confiance. V. *suprà*, p. 144.

3. Paris, 11 août 1891, Rev. de d. com. et ind., 92, p. 80. La réparation est égale au préjudice subi ; Aix, 26 nov. 1897, Juris. Marseille 1898, p. 284.

4. On en conçoit l'application possible aux warrants fictifs.

tion de la qualification légale des « manœuvres frauduleuses », mais les tribunaux doivent toujours énoncer dans le jugement les faits qui servent de base à leurs décisions à peine de cassation. Nous avons raisonné dans l'hypothèse de lettres de change ; il convient maintenant de mieux préciser et de passer rapidement en revue les différents cas qui se présentent, les solutions qu'on doit y apporter, en les comparant avec les dispositions analogues qu'on trouve dans les Codes étrangers.

1° Effets signés du nom d'une personne fictive ou non-existante. — a). *Si la lettre de change a été acceptée, si le billet à ordre est souscrit du nom d'une personne fictive ou non-existante,* la présentation à l'escompte rendra celui qui les a fabriqués passible de faux. On s'est refusé à admettre ici le crime de faux, en se fondant sur ce que, aucune obligation ne peut résulter « d'une convention constatée seulement par la signature du prétendu créancier qui se donne un débiteur purement imaginaire. Peut-on prêter un seul instant le nom de convention à un acte de cette nature ? » (1). Pour nous, le crime de faux existe et exclut le délit d'escroquerie. Le faux n'a pas seulement pour but de produire un effet positif, c'est-à-dire de créer une fausse preuve, un faux titre contre quelqu'un. Un effet négatif constitue le faux de l'art. 145-1°, C. p., quand il supprime en quelque sorte une preuve sur laquelle une personne croyait pouvoir compter. Un effet de commerce est faux quand il n'est pas accepté par celui qui est porté comme acceptant : celui qui escompte

---

1. Dutruc. *Memor. du minist. public*, t. II, p. 576 ; Garraud, t. V, n° 245 ; Comp. Garraud, t. III, 2e éd., n° 1102.

un pareil effet après avoir signé du nom idéal d'un prétendu accepteur ou souscripteur est coupable de faux, et en faire sciemment usage équivaut au faux lui-même (1).

b) Si la lettre de change n'a pas été acceptée, qu'elle indique simplement comme tiré une personne imaginaire, il y a escroquerie, du chef d'usage de faux nom, conformément à l'art. 405 C. p. User d'un faux nom, c'est se servir d'un nom qu'on n'a pas le droit de porter, peu importe que le nom appartienne à un tiers ou soit absolument idéal. L'usage d'un faux nom est une condition du délit d'escroquerie équivalant à des manœuvres frauduleuses.

En Belgique, le fait de tirer une traite sur une personne qui n'existe pas pour se procurer frauduleusement du crédit, a été érigé en délit spécial, indépendant de l'escroquerie. Toutefois les poursuites n'auront pas lieu ou cesseront si l'effet a été payé ou si les fonds ont été faits au moment où la fraude est découverte (2).

2° Lettre de change tirée sur une personne existante, mais que le tireur sait ne pas être et ne pas devoir être sa

1. Persil, *De la lettre de change et du billet à ordre* 1837, p. 90. Il en est ainsi en Allemagne, v. Bauer, p. 33 ; Schneider. 30 ; Hartmann, p. 186 ; Borchardt, p. 349 ; Brauer, p. 132. Les peines très graves portées par § 267 du C. p. all. ont eu ce singulier résultat qu'on a vu des banquiers allemands escompter plus facilement des effets fictifs, certains qu'ils étaient d'être remboursés en raison des peines encourues.

2. L'art. 509 du C.P. belge est ainsi conçu : « Sera puni d'un emprisonnement d'un mois à deux ans et d'une amende de 26 à 3.000 francs, celui qui se sera *frauduleusement* procuré des fonds, valeurs, ou décharges au moyen d'un effet tiré sur une personne qui n'existe pas ou qu'il savait ne pas être sa débitrice ou ne pas devoir l'être à l'échéance, et qui ne l'avait pas autorisé à tirer sur elle. Toutefois les poursuites ne pourront avoir lieu ou

débitrice à l'échéance. — Si la traite était signée, par celui qui la tire et l'escompte, du nom du tiré, le faux serait certain, mais elle n'est pas acceptée. La présentation de la traite justifiera l'application des peines de l'escroquerie quand la passation de cette traite fictive à l'escompteur aura été accompagnée de manœuvres frauduleuses, soit qu'il y ait eu un acte matériel venant s'adjoindre à la remise de l'effet, soit que cette remise ait eu lieu avec la certitude chez le tireur que la provision n'existera pas à l'échéance et que l'escompteur ne recouvrera jamais la valeur de la traite négociée.

En Belgique, le tireur encourra la peine de l'art. 509 al. 1, au cas de non-paiement, sans que le ministère public ait besoin d'attendre la plainte préalable du tiré. Mais si l'effet est payé à l'échéance ou au moment de la découverte de la fraude, le tireur ne sera exposé à une peine qu'autant que le tiré aura porté plainte. Quand bien même la poursuite serait exercée, la peine sera diminuée. On comprend qu'il n'y ait pas alors de poursuite d'office, par suite de l'impossibilité pour le ministère public d'appliquer la disposition quand personne ne porte plainte. On a pensé que, lorsque le tireur payait à l'échéance, en général, son but n'avait pas été frauduleux, qu'il n'avait cherché qu'à se procurer momentanément du crédit et que s'il n'en avait pas

cesseront, si l'effet a été payé, ou si les fonds ont été faits au moment où la fraude a été découverte, à moins que le tiré n'ait porté plainte dans ce cas, le coupable sera condamné à un emprisonnement de quinze jours à trois mois et à une amende de 26 à 3.000 francs ou à une de ces peines seulement » Sur le mot « frauduleusement » dont on discute le sens, v. Pand. Belges. Encyclopédie v° Eff. de circul. n°s 19 et s. ; sur la rédaction de cet article v° Nypels, *Le code pénal belge*, t. III, p. **484**.

obtenu d'une façon vraiment loyale, irréprochable, du moins il n'avait pas eu l'intention malhonnête de jouir de crédit aux dépens de son banquier. Si son but a été, au contraire, de tromper par une apparence de crédit et s'il paie après qu'une plainte a été déposée contre lui, le point de vue subjectif s'effacera devant la réparation. Si le tiré n'a pas encore porté plainte, l'intérêt public est désintéressé puisque le paiement supprime tout dommage matériel et moral. Cependant, dans les deux hypothèses sans distinction l'art. 509 C. p. belge, permet au tiré d'intervenir pour donner lieu à une condamnation qui, toutes conditions remplies, s'imposera. N'y aura-t-il pas là un moyen possible de pression sur le tireur, après le paiement de l'effet, et n'aurait-il pas été préférable, de ne plus admettre la plainte après paiement, mais de la laisser subsister, au gré du tiré, quand elle est intervenue avant le paiement? L'avantage n'en resterait pas moins d'obliger le tireur à satisfaire promptement au paiement (1).

3° **Lettre de change acceptée, billet souscrit par un insolvable. Circulation de complaisance.** — Le délit d'escroquerie est seul applicable, dans la mesure que nous avons indiquée : le bénéficiaire d'un effet souscrit par un insolvable, qui le fait escompter avec la certitude actuelle que l'effet ne sera pas payé ou ne le sera que par l'artifice d'un renouvellement, tombe sous le coup de l'art. 405 C. p. — Le Code pénal belge en revient ici au droit commun, mais la jurisprudence belge semble hésiter à y trouver un délit,

____

1. Liège, 11 fév. 1871, Belg. Jud. 71, p. 1135 sur le point de savoir si le délit de l'art. 509 peut se transformer en escroquerie.

quoique cependant il y ait peu de différence entre le fait
de tirer sur une personne imaginaire, et le fait de tirer sur
une personne réellement existante mais dont le crédit est
imaginaire. Quant à ce souscripteur qui donne sa signature pour obtenir une commission, il n'est qu'un complice (1). Rappelons que la jurisprudence considère les
banques d'échange comme complices du délit d'escroquerie que commet leur client en présentant des effets de complaisance chez son banquier, et il en sera de même de tout
agent « faisant métier de rapprocher les négociants à bout
de ressources, pour leur permettre de mettre en circulation des effets de commerce fictifs » et de se procurer par
ce moyen de l'argent (2). Enfin, au cas d'échange direct de
signatures de complaisance, comme les parties ne peuvent
poursuivre en vertu de l'effet qu'elles ont reçu, il y a manœuvres frauduleuses constitutives du délit d'escroquerie
ou de tentative d'escroquerie, lorsque le bénéficiaire de l'effet n'aura fait intervenir untiers, en simulant une négociation à l'aide d'un endos fictif, que pour empêcher le souscripteur de se prévaloir du défaut de cause de l'effet ou
plutôt du caractère illicite de la convention en vertu de
laquelle il a été souscrit, et pour se faire payer une somme
qu'il sait ne pas lui être due (3).

1. En Allemagne tireur et tiré seront passibles d'escroquerie ; § 263,
C. p. all. Schneider, p. 29.
2. Cass. Crim., 23 déc. 1897, D. 99. 1. 92.
3. Cass. Crim., 24 juill. 1890, Pand. fr. 91. 1. 91 ; Rouen, Corr., 8 fév.
1889, Fr. jud. 89, p. 111. Si le paiement avait eu lieu, l'action civile permettrait d'en exiger le remboursement. La valeur de complaisance n'aura pas
produit d'effet ; on empêchera simplement une partie de s'en attribuer le
bénéfice en commettant un délit.

Abus de confiance (1). — Des personnes ayant organisé une circulation de complaisance ou opérant de compte à demi, chargent l'une d'elles d'escompter les valeurs créées et de leur remettre une partie déterminée des sommes obtenues. Celle-ci s'en attribue entièrement le profit et l'applique exclusivement à ses besoins personnels, sans se préoccuper de remettre à ses compères les sommes convenues. Les parties n'ayant aucun moyen de droit civil pour l'attaquer et rentrer dans leur perte si elles ont dû payer les effets, peuvent-elles la poursuivre pour abus de confiance ?

Deux jugements du Tribunal de commerce de la Seine des 20 et 21 mars 1899 (2) ont déclaré, avec raison, qu'on ne pouvait trouver en pareil cas, les éléments constitutifs de l'abus de confiance. La remise des effets de complaisance ne rentre dans aucun des contrats prévus par l'art 408 C. p. La mission donnée à l'un des compères de les présenter à l'escompte ne constitue pas un mandat valable, puisque ce mandat est entaché du vice dont sont affectées toutes les conventions concernant de tels effets. Les conditions de l'art. 408 ne sont donc pas réunies, et en leur absence, personne ne peut exercer une poursuite en abus de confiance, pas plus le ministère public que les parties elles-mêmes. Cette solution s'accorde avec les règles que nous avons reconnues comme applicables aux effets de complaisance. Si les poursuites étaient possibles (même si on ne les permettaient qu'au ministère public, à l'exclusion des parties,

----

1. M. Dramard, n° 182, admet l'abus de confiance quand le débiteur qui a prié une personne de lui prêter sa signature ne peut pas rembourser, c'est purement arbitraire.

2. Gaz. Trib., 7 mai 1899 (Ann. D. com.), 99. p. 289.

sous le prétendu motif de leur turpitude), il faudrait nécessairement reconnaître en faveur de la victime « le principe légal d'un préjudice possible et par suite le droit à des dommages-intérêts ». Le compère, victime du détournement du produit de l'escompte recevrait, à titre de réparation du dommage subi, ce qu'il n'aurait obtenu que par l'accomplissement d'une convention contraire à l'ordre public, et que la loi civile ne lui aurait pas permis d'exiger. Il n'en est pas ainsi puisqu'il n'y a pas délit d'abus de confiance et le principe d'après lequel les valeurs de complaisance n'ont aucun effet entre les parties n'est nullement atteint (1).

Les Tribunaux ont, comme on le voit, de nombreux moyens mis à leur disposition pour empêcher que la circulation fiduciaire ne soit envahie par les effets de complaisance. Les peines de l'escroquerie et de la banqueroute simple, viennent s'ajouter aux déchéances telles que le refus du concordat ou de la liquidation judiciaire (2)... et leur application raisonnée servira d'avertissement à ceux qui seraient disposés à s'engager dans de semblables opérations. Il faut reconnaître cependant que trop souvent un commerçant gêné se laisse éblouir par la facilité de leur emploi et même s'il entrevoit les peines qu'il encourra, peut-être espère-t-il se retirer à temps. Peut-être si le procédé

---

1. Comp. Cass. Crim., 28 juin 1860, S., 60. 1. 918 ; D., 60. 1. 471.

2. Ces déchéances ont, en dehors des art. 402 et 403, C. p., une incontestable utilité. Mais si les parties ne sont pas des commerçants, elles ne seront pas applicables et si de plus le banquier est complice, la répression ne sera pas assurée ; c'est alors que le délit spécial de l'art. 509, C. p. belge. pourrait être utile (l'hypothèse est peu pratique).

alarme sa conscience, se dit-il qu'il n'en usera qu'une fois.
Puis la force des choses l'entraîne : aux prises avec les
difficultés, sa moralité s'émousse, il n'hésite plus à recourir
aux effets de complaisance (1). Il perd avec sa fortune son
honorabilité commerciale, il se voit appliquer des peines.
On ne saurait trop mettre les commerçants gênés, en garde
contre les dangers irréparables d'un moment d'oubli des
saines règles d'honnêteté, des justes principes du crédit, mais
les textes actuels suffisent à maintenir la sécurité dans la
circulation des effets de commerce et nous n'avons rien à
envier à la législation belge. La jurisprudence, en étendant
l'art. 405 C. p. a compris que c'est là moins l'œuvre du
législateur que le rôle des juges.

Il peut sembler qu'il y ait en matière d'effets de complaisance, une opposition dans la jurisprudence de ces dernières années, entre le point de vue civil et le point de vue
pénal, opposition que notre théorie aurait encore accentuée.
Tandis que d'une part, la Cour de Cassation admet plus
facilement l'escroquerie à la suite d'escompte d'effets de
complaisance, on voit au contraire des Cours et des Tribunaux préciser de plus en plus la notion de l'effet de complaisance et le justifier dans une mesure donnée. Cette con-
tradiction n'est qu'apparente. S'il est vrai que la notion de
l'effet de complaisance se soit précisée, c'est parce qu'on

---

1. On a même voulu trouver des circonstances atténuantes, dans ce fait que
le preneur n'avait fait « qu'user d'un procédé malheureusement trop facilement et trop habituellement pratiqué par les commerçants gênés ou n'ayant
qu'un crédit limité » ; T. Corr., Bordeaux. 4 juil. 1875 ; Le Droit du
1er septembre.

avait été trop prompt à le blâmer unanimement et dans tous
les cas, en croyant à l'imminence d'un péril commercial.
Il est, au contraire, essentiel de distinguer l'effet donné
par complaisance, reposant sur une convention licite, de
l'effet de complaisance qui cache un concert frauduleux, et
c'est ce dernier, seul, que veut atteindre la Cour de Cassation. Mais il est des cas où il y a bien peu de place entre
l'effet régulier et l'effet nul, la différence est infime et ce
seront les circonstances qui décideront. Et cependant celui-
ci vaut tout, celui-là rien. L'un est l'expression d'une opération sincère, l'autre n'en est que l'illusion et fait encourir à ses créateurs des peines correctionnelles. Pour agir
vis-à-vis des effets de complaisance, on se trouve en face
de l'un des problèmes commerciaux les plus embarrassants
car la difficulté est de savoir la limite extrême où finit
l'effet réel, où commence l'effet de complaisance, et c'est
pourquoi nous nous sommes attachés à en préciser le
caractère propre. La nature de l'effet de complaisance est si
subtile qu'elle défie tout moyen de législation à y opposer. Un texte qui la déterminerait, pourrait être gênant,
injuste s'il était précis, seule condition pour qu'il soit effi-
cace ; il serait inutile, étant trop large, et loin de nous,
l'idée de souhaiter de voir le législateur intervenir en cette
délicate matière.

Comme nous l'avons dit, c'est le crédit qui, en dernière
analyse est le vrai critérium de la distinction de l'effet de
complaisance bon ou mauvais, de l'effet réel ou fictif. Celui
qui jouit de crédit peut en disposer à son gré, et notamment
par le moyen d'effets de commerce. Si son crédit est réel,
personne n'en souffrira et le développement du crédit géné-

ral en aura souvent profité, quand l'argent obtenu aura été employé à des opérations utiles, quand le commerçant qu'il a aidé de son crédit en a profité. Ce n'est en somme que la confirmation de cet axiome banal, mais absolument juste que le crédit est de l'argent. Lorsqu'une personne digne de crédit présente ou fait présenter à l'escompte un effet de commerce qu'elle a signé, la présomption d'une opération commerciale qu'il réalise, s'efface devant la pleine confiance qu'elle inspire. C'est à son égard qu'il est vrai de dire qu'entre l'effet régulier et l'effet de complaisance, il n'y a que la différence entre « avoir été » et « devoir être ». Et cette « dignité de crédit », c'est aux banquiers qu'il appartient de la constater. Le rôle qui leur échoit d'en être souverains appréciateurs et de régulariser le crédit général ne pourrait que contribuer, s'il en était besoin, à augmenter l'utilité et la moralité de leur profession.

Quant aux effets de complaisance, au sens répréhensible du mot, ils sont un mal en quelque sorte nécessaire. Tout moyen propre à les réprimer complètement ne pourrait que rejaillir sur le trafic des effets de commerce et lui nuire. La nullité absolue de ces valeurs fictives avec les conséquences qu'elle entraîne et la crainte des peines préviendront leur création ; la responsabilité des banquiers en empêchera la mise en circulation. Grâce à ces remèdes et sanctions, les effets de complaisance disparaîtront en grande partie, mais ils dureront comme possibles aussi longtemps qu'il y aura des commerçants aux abois, pressés par des besoins d'argent, aussi longtemps que continuera d'exister le système des effets de commerce et le droit de change.

TABLE DES MATIÈRES

VU,

Le Président de la thèse,

LYON-CAEN

VU,

Le Doyen,

GLASSON.

VU ET PERMIS D'IMPRIMER :

Le Vice-Recteur de l'Académie de Paris,

GRÉARD.

Laval. — Imprimerie parisienne, L. BARNÉOUD & Cⁱᵉ,